CUENTOS

Y

NARRACIONES

DE

PUERTO RICO

Clásicos de Puerto Rico

Volumen V

Cuentos y Narraciones de Puerto Rico

Autor
Manuel Fernández Juncos
~1907~

Edición por
Puerto Rico eBooks
Puerto Rico, USA

HONRANDO NUESTRAS RAÍCES

ISBN-13: 978-1535328319
ISBN-10: 1535328312

Datos Biográficos del Autor

Manuel Fernández Juncos nació el 11 de diciembre de 1846 en el pueblo de Tresmonte en Asturias, España. Junto con su familia, emigró a Puerto Rico en 1857, cuando tenía once años. Su primer hogar isleño fue en Ponce. Había llegado a la Isla con la educación primaria que recibió en su pueblo natal, pero continuó educándose de manera autodidacta.

Asturiano de procedencia y puertorriqueño de adopción, fue periodista, literato, educador y líder político. Su poesía era de tono, mayormente romántico y sus narraciones eran costumbristas. Sus ideales políticos seguían la línea conservadora del autonomismo. Ocupó el puesto de Secretario de Hacienda en el Gabinete Autonómico de Puerto Rico

(1898). La letra de La Borinqueña, himno oficial de Puerto Rico, es de su autoría. También, fue un apasionado defensor de la lengua española.

En principio, Fernández Juncos escribió para El Progreso, un periódico fundado por José Julián Acosta. También escribió para Porvenir y El Clamor del País. Fundó un periódico llamado El Buscapié, en 1875, semanario muy jocoso, ameno, ingenioso y original, que vivió floreciente hasta que Puerto Rico se perdió para España y que fue muy leído en esa época. El semanario estimuló la lectura en el país, y fueron tantas las colaboraciones que se le ofrecían, que Fernández Juncos creyó llegado el momento de fundar una publicación ilustrada, de mayor empeño y ésta fue la Revista Puertorriqueña, juzgada por Menéndez Pelayo como una de las mejores publicaciones literarias americanas.

Fundó también la Institución de Enseñanza Popular y la Biblioteca Municipal de San Juan; colaboró muy activamente en el establecimiento de la Cruz Roja; sacó varias veces de sus crisis al Ateneo Puertorriqueño; presidió el Partido Autonomista Histórico y la Liga de Republicanos Españoles; fue presidente de la Sociedad de Escritores y Artistas de Puerto Rico y diputado provincial por el distrito de San Juan.

Muchos de los escritos relacionados con los tipos y costumbres de Puerto Rico que había publicado en sus publicaciones los recogió, más adelante, en sus libros Tipos y caracteres (1882) y Costumbres y tradiciones (1883). Los ensayos biográficos que había publicado, anteriormente, los reunió en Semblanzas puertorriqueñas (1888).

Manuel Fernández Juncos se unió al Partido Autonomista, que había sido fundado por Román Baldorioty de Castro, convirtiéndose en el secretario. Tiempo después, cuando Puerto Rico obtuvo la autonomía respecto de España, 1897, Juncos fue electo primer Secretario de Estado. También fue encargado de la secretaría de Hacienda, una hacienda que estaba al borde de la bancarrota, pero que él, con su ingenio y su prestigio, supo sacar a flote, lo que ha permitido calificarle también como hacendista ilustre. De todos modos, en menos de un año Puerto Rico fue invadida por Estados

Unidos durante la Guerra Hispano-Americana y el gobierno fue abolido.

Al cambiar la soberanía en 1898 se tornó en favorecedor del gobierno colonial estadounidense. Debido a que la letra original del Himno Nacional de Puerto Rico era de corte independentista y anti-español, escribió una versión no-controvertida de la letra en 1903. La misma es considerada sumamente mediocre pero, debido a controversias políticas, ha sido adoptada como el himno oficial bajo el gobierno actual.

Tras la Guerra Hispano-Americana de 1898, se retiró de la vida política. Sin embargo, continuó luchando por la cultura puertorriqueña en el ámbito cultural y filantrópico. Ante el proceso de americanización, que comenzó a observarse en la Isla, defendió fervientemente el idioma español. Redactó libros de textos de enseñanza primaria en español entre los que figuran: Los primeros pasos en castellano (1901), Libro cuarto de lectura (1902), Canciones escolares (1903), Compendio de moral para las escuelas (1904), Antología portorriqueña (1907) y Lecturas escogidas (1910).

Fue presidente del Ateneo Puertorriqueño y dirigió la Academia Antillana de la Lengua. También, fue miembro de la Academia Cervantina Española, la American Academy of Political and Social Sciences, el Instituto Geográfico Argentino y el Liceo Hidalgo de México. Recibió en 1907 condecoraciones del Ateneo Puertorriqueño y del Casino Español. En 1916, la Universidad de Puerto Rico en Río Piedras le otorgó un doctorado honoris causa.

Su preocupación por el bienestar social del país lo motivó a convertirse en delegado de la Cruz Roja Española en Puerto Rico, desde el año de su fundación en 1895. Abogó y colaboró en la fundación de otras instituciones como la Biblioteca Municipal de San Juan, el Instituto Civil de Segunda Enseñanza y la Institución de Enseñanza Popular. También creó en 1906, la Casa de Niños, en la cual se les proveía alimentación, ropa y albergue; ésta se estableció, inicialmente, en los bajos del Ayuntamiento de San Juan y en 1926 fue trasladada a un edificio en Miramar.

Falleció el 18 de agosto de 1928 en San Juan. En 1954, el Estado Libre Asociado de Puerto Rico adoptó su poema "La Borinqueña" como el himno oficial del País, hela aquí:

La tierra de Borinquen
donde he nacido yo
es un jardín florido
de mágico primor.

Un cielo siempre nítido
le sirve de dosel.
Y dan arrullos plácidos
las olas a sus pies.

Cuando a sus playas llegó Colón;
exclamó lleno de admiración:
"¡Oh! ¡Oh! ¡Oh!
Esta es la linda tierra
que busco yo."

Es Borinquen la hija,
la hija del mar y el sol,
Del mar y el sol,
Del mar y el sol,
Del mar y el sol,
Del mar y el sol.

Introducción

Magnífico libro publicado por Manuel Fernández Juncos en 1907.

Manuel Fernández Juncos nos lleva por un delicado y profundo estudio del corazón en estas obras.

Cómo por ejemplo la ilusión de "EL PRIMER IDILIO", el gran amor de una madre en "AL REDEDOR DE UNA CUNA" y en "TRIUNFAR DESPUÉS DE MORIR".

El amor puro y verdadero en "LAS BODAS BLANCAS".

Y no puede faltar la jocosidad en "EL RETRATO DE JUAN CINTRÓN", "LAS PÍLDORAS DE MURCIA" y "LA SERENATA".

Hemos decidido volver a publicar este libro porque creemos que este trabajo es muy importante para nuestra cultura. Los invitamos a que disfruten todas estas lecturas, son magníficas.

Dedicatoria

A mi querida esposa
Doña Dolores Náter de Fernández.

Desde mi juventud formé el propósito de poner tu nombre al frente de uno de mis libros; pero los que entonces iba publicando con demasiada premura no me parecían fruto bastante sazonado ni homenaje digno de tus grandes merecimientos.

Tampoco éste me parece digno de ti; pero como ya la edad me sobra y la vista y la salud me faltan, empiezo a temer que acaso no logre dar forma al libro ideal que desde hace muchos años tengo en la mente para tí.

Mientras realizo o no ese anhelo mío, cada día más vehemente, quiero dedicarte este puñado de bocetos, que me recuerdan breves paréntesis de calma en mi trabajosa vida, pasados dulcemente en nuestro honor, en el que has ejercido siempre un imperio amoroso y bienhechor.

Acepta, pues, por ahora, este pobre testimonio del cariño inolvidable de tu Manuel.

Puerto Rico, Mayo 30 de 1907.

Tabla de Contenido

TRIBILÍN

Hacia el Este del Castillo de San Cristóbal, y en el lienzo de muralla que sirve de base y sostén a las fortificaciones del Abanico, hay tres bóvedas iguales, cuyas bocas tapadas con madera carcomida se ven desde el camino que da entrada por aquella parte a la ciudad de San Juan. Sirvieron en otro tiempo para que los soldados que vigilaban en aquella parte de la defensa militar se guareciesen en casos de lluvia; pero a fines del siglo XIX habían sido cedidas graciosamente dos de ellas por el gobernador del Castillo, para habitación de dos pobres familias de soldados que habían envejecido y muerto en el servicio de aquel formidable fuerte. No tenían más luz que la de la entrada: eran estrechas y oscuras, y hacia el fondo de ellas goteaba constantemente el agua filtrada desde el monte que tenían encima.

En una de esas bóvedas vivía_ si aquello era vivir_ entre reptiles e insectos desagradables, una familia compuesta de tres personas: *seña* Flora, mujer de mediana edad, pálida y flacucha, consumida más bien por las incomodidades y los disgustos que por la edad; Cristina, su hija, joven como de 18 años, muy pálida también, y con ciertas manchas terrosas que deslucían un poco su semblante, pero de ojos negros de expresión dulce y amorosa, talle esbelto y gracioso andar. Planta de estercolero, se había desarrollado con dificultad, flaca y enfermiza; pero había florecido al fin. Llegaba a esa edad misteriosa en que toda mujer tiene atractivos y encantos naturales, a menos que sea un monstruo de fealdad ... La tercera persona, que vivía con estas dos mujeres en el agujero descripto, merece párrafo aparte.

Era Tribilín, el menor de la familia, hijo también de *seña* Flora, muchacho como de quince a diez y seis años, delgado, vivo y saltarín como un galgo, y flexible como un alambre. Era blanco, aunque la piel de su rostro y manos estaba tostada y curtida por el sol ardiente de la playa. Tenía el cabello castaño, abundante, enmarañado y poco o nada propicio a la acción del peine. Su semblante, casi siempre risueño, era de un conjunto agradable y simpático. Gozaba de gran popularidad en la población, y el apodo de "Tribilín" andaba de boca en boca, entre carcajadas, anécdotas y dichos agudos, siempre que aparecía en escena su pequeño propietario. Su nombre de bautismo era José, pero nadie lo sabía fuera de la familia de la bóveda, y él mismo le tenía ya olvidado por completo. No se sabía cómo ni en donde le habían puesto el extraño mote, al que respondía cumplidamente desde que había aprendido a responder. Así lo llamaban ya los soldados del Castillo, cuando él iba, medio a gatas todavía, en busca de las sobras del rancho; así le llamaba también su padre, antiguo plantón de la puerta de Santiago, y así dieron en llamarle su madre y su hermana, siguiendo la rutina general. Puede decirse que el nombre de José con que nuestro héroe figuraba en el registro Parroquial se había oxidado y borrado por falta de uso. En cambio le sonaba bien el de Tribilín, y estaba satisfecho con él.

Otro apodo le había puesto la malicia cruel de sus compañeros de picardías, apodo que llegaba de cuando en cuando a sus oídos como una befa infamante, y que había dado ya ocasión a muchas peleas, en las que pocas veces solía sacar él la peor parte. Le llamaban *Pichón de bóveda*, y este mote le irritaba de un modo repentino y terrible. Muchacho que lo pronunciara donde Tribilín llegase a oírlo, necesariamente había de probar la fuerza de sus puños o la certera puntería de alguna de sus pedradas. Era ese mote su punto vulnerable, como si dijéramos su talón de Aquiles. Fuera de ese apodo burlesco, y de que le "mentaran su madre"_ como él decía_ con alguna injuria soez, ninguna otra palabra tenía poder bastante para causarle enojo ni sacarle de sus casillas.

Era festivo y alegre como unas castañuelas, y se le veía en todas partes en donde hubiera, broma, diversión o novelería. Por la mañana, a la hora del café, entraba en *La Mallorquina*, bromeaba graciosamente con los parroquianos, hacía como que les limpiaba algo del chaquetón o del sombrero y se bebía los últimos sorbos del café o del chocolate que ellos dejaban en las tazas, se comía o guardaba los restos de bizcocho o de pan suizo que habían quedado en la mesa, y llamaba la atención del mozo con algún chiste, para que acudiera a limpiar lo demás. Si había colillas de tabaco o de cigarro por el suelo, las recogía con gracioso ademán. En la cantina se ganaba la voluntad de los servidores con algún chiste discreto, y obtenía siempre de ellos algún bollo deforme o chamuscado, alguna plantilla imperfecta o algún puñado de confites.

Pasaba después a las tiendas; conocía y llamaba por sus nombres a todos los dependientes; halagaba sus gustos con algún dicho, les ayudaba en algún trabajo fácil de limpieza o arreglo en cambio de alguna golosina o de algún comestible de escaso valor, y salía riéndose y haciendo muecas y contorsiones como un títere. Otras veces, cuando algún dependiente malhumorado o tacaño le trataba mal o no satisfacía cumplidamente sus apetitos, le aplicaba un mote grotesco y picante, como quien aplica un emplasto de cantáridas, y era de ver entonces cómo salía Tribilín de la tienda como una exhalación, impulsado por un puntapié o seguido de alguna tranca o pesa lanzada con furia, cuyo choque solía él evitar con algún quiebro o voltereta; pero el mote puesto por él era siempre tan oportuno y pegadizo que persistía como una maldición, cabalgando por toda la vida sobre el irritable dependiente.

Con éxitos y percances parecidos recorría Tribilín los ventorrillos, la Plaza del Mercado, el Matadero, los muelles de la Marina, el Presidio, los cuarteles y hasta el Hospital Militar. Dondequiera que había una fruta, una golosina, un mendrugo, una piltrafa o un desperdicio cualquiera que recoger, allí aparecía Tribilín en las primeras horas de la mañana, recogiéndolo y empapándolo todo como una esponja insaciable. Gracias a tan eficaz diligencia, no sólo satisfacía sus apetito de goloso y se nutría medianamente, sino que mantenía siempre bien provisto de gran variedad de migajas comestibles un cajón que hacía en la bóveda el servicio de alacena, y de allí se alimentaban a veces su madre y su hermana.

Por más que ellas lavaban y cosían, para proveerse de alguna ropa y satisfacer otras modestas necesidades, puede decirse que Tribilín era el sostén de la familia. Todos los días antes de las once llegaba con sus bolsillos repletos de provisiones de boca en fragmentos pequeños, irregulares y de increíble variedad. Tomaba luego un hondo cacharro de hojalata, que solía estar ya limpio en un rincón de la bóveda, salía con él cantando y brincando en dirección a la cocina del Castillo, y volvía luego con una buena provisión de rancho, con el cual daban los tres calor y solidez a su almuerzo.

En sus primeros años Tribilín había asistido a la escuela, y había aprendido medianamente a leer y a escribir. Tenía buena memoria y dominaba sin esfuerzo las lecciones que le enseñaba el maestro. Lo que no podía dominar tan fácilmente era la risa en las clases y el afán de retozar, que le bullía por todo el cuerpo.

Recogiendo gotas de un cirio en no se sabe qué procesión, había formado una pequeña bola de cera fuertemente sujeta a un hilo, y con ella daba golpes disimulados en la cabeza de sus condiscípulos, precisamente cuando el maestro recomendaba mayor silencio y atención. El desorden llegó a tal punto en la escuela, con aquel motivo, que el maestro_ después de advertencias y correctivos inútiles_ tomó la resolución heroica de expulsar de su establecimiento a Tribilín, al mismo tiempo que le aplicaba un doloroso recorrido de *Juan Caliente*.

Enfurecido nuestro héroe, no tanto por la expulsión como por los azotes, salió bufando a la calle, arrancó unas cuantas docenas de pedruscos, y con ellos bombardeó la escuela, causando en su interior bastantes daños antes de que apareciera por allí un agente de policía. Después, todas las mañanas producía en la puerta de la escuela un ruido atroz, tirando de la cuerda de la campanilla hasta romperla. Fue necesario suprimir la campanilla para que acabara aquel *sport* alarmante, y que un guardia de orden público amenazase formalmente a Tribilín con encerrarlo en el Depósito Municipal, si persistía en sus propósitos de venganza.

Las horas de la tarde las dividía él entre la Marina y el Campo del Morro.

Desde las doce a las tres recorría los muelles, husmeando en ellos alguna patata, alguna cebolla o algún otro objeto aprovechable; hacíase amigo de los marineros, les contaba algún chiste y les daba informes sobre la geografía de la ciudad y sus arrabales.Iba al Arsenal, se asomaba a la Aduana, cruzaba la bahía, auxiliando en sus maniobras a algún botero de Cataño, y regresaba a su bóveda para dar un vistazo a la familia, ceñirse su espada de palo, y volver a salir en actitud marcial. Corría entonces a todo lo largo de las calles altas y de los recintos Norte y Este de la población, se detenía en las esquinas, silbaba de un modo particular, y ni punto se le iban agregando muchachos de distintas clases y tamaños, que poco a poco formaban detrás de nuestro héroe un largo y abigarrado tropel. Era su batallón, y con él se dirigía en orden de batalla al Campo del Morro para hacer maniobras y ejercicios militares, imitando la táctica y las evoluciones de los soldados de verdad. Cuando éstos salían a practicar sus ejercicios, la tropa de Tribilín operaba en la vanguardia, marchaba al son de la banda militar, evolucionaba con cierta precisión, según iban indicando los toques de las cornetas, y parecía un boceto cómico, una graciosa reducción de la tropa regular. La voz algo atiplada de Tribilín se confundía en los gritos de mando con la grave y enérgica del coronel. Al terminarse los ejercicios subía el batallón verdadero en correcta formación hacia el Castillo del Morro, y el de muchachos con Tribilín a la cabeza marchaba también correctamente en dirección opuesta, para distribuir sus fuerzas por las calles de la capital.

Esta condición de jefe de la tropa infantil aumentaba el prestigio de que ya gozaba Tribilín como, muchacho animoso y resuelto, y casi todos los niños que le encontraban a su paso en el resto del día se llevaban militarmente la mano a la gorra en señal de respeto y sumisión.

Hacía ya algún tiempo que Mendoza, el sargento de la compañía de artilleros que estaba de servicio en San Cristóbal, venía notando que Cristina, la que vivía en la bóveda del medio en el Abanico, no era lo que se llama un costal de paja. La había contemplado varias veces desde lo alto del baluarte, cuando ella cosía o bordaba en la puerta de su nicho buscando el fresco; había bajado con alguna frecuencia al foso, pretextando no sé qué servicio de inspección, y_ después de varios saludos cortesmente hechos y tímidamente correspondidos_ se aventuró un día a subir los corroídos escalones por donde se llegaba a la meseta de las bóvedas, con el pretexto de que le dieran fuego para encender un cigarro.

Después de ese día parece se le desarrolló al guapo mozo muy notablemente el vicio de fumar y el de no tener fósforos encima, porque se le veía llegar a la bóveda dos o tres veces al día en demanda de fuego. Una tarde, mientras Cristina alargaba al sargento un carbón encendido del anafre de las planchas, le declaró él que se le había encendido también el corazón en la lumbre de los bellos ojos de Cristina. Se coloreó un poco el semblante pálido de la doncella; insistió él en sus galanterías, con las que parecían avivarse los atractivos de la muchacha; continuaron con más frecuencia las visitas de Mendoza en busca de carbones encendidos, y así empezaron una y otro a ensartar entre, dos fuegos la hebra combustible del amor.

La madre vigilaba y dirigía con sus consejos a la joven, advirtiéndola de lo peligroso que era jugar con fuego. No desdeñaba Cristina las advertencias de la madre; pero el sargento siguió en su afición al cigarro, y la joven había leído en no sé qué libro que no se debía negar a nadie el fuego, el agua y la sal.

La historia no explica bien de qué modo aquellos amores llegaron en su desarrollo a un punto anormal y triste, que produjo gran desazón en la familia. Se notó que el mozo dejaba ya de fumar con aquella frecuencia y afición que mostraba en los comienzos del idilio; sólo se le veía entonces de tarde en tarde por la bóveda, y últimamente dejó de ir.

Un día, al llegar Tribilín a la bóveda cargado de mendrugos y fruslerías, se encontró con una triste escena de reproches y de dolor. La madre, irritada y llorosa, dirigía frases tremendas a Cristina, la cual_ medio ahogada por los sollozos_ gemía en un rincón. La presencia del muchacho contuvo un poco aquel torrente de quejas y acusaciones; pero algo llegó a oir de *"vergüenza y deshonor,"* y estas palabras le impresionaron profundamente. Más tarde tuvo que correr Tribilín en busca de un médico, porque Cristina había tratado de envenenarse con un puñado de cabezas de fósforos. Después de este peligroso amago de suicidio, la joven había quedado postrada, ojerosa, jadeante; no quería tomar alimento, y lloraba sin cesar. La madre, ante el dolor y el trágico arrebato de la hija, ya no la acriminaba, sino qué la compadecía, y echaba sobre Mendoza todo el peso de su indignación. Oyéndola se enteró Tribilín de que el sargento era el causante de tanto disgusto y desesperación, y preguntó con imperio, tratando de averiguar lo que había ocurrido.

Ni la madre ni la hermana le dieron explicaciones, por más que insistió; pero la malicia por una parte y la imaginación por otra fueron ayudando al muchacho a formar hipótesis algo aventuradas y confusas acerca del agravio en cuestión. Comprendía que el caso era peliagudo, y al oir que su madre se lamentaba de no ser hombre para habérselas con Mendoza, llegó a persuadirse de que allí estaba haciendo falta un vengador.

Pasó entonces un pensamiento sombrío por la mente de Tribilín. Aprovechó un momento en que la madre había salido de la bóveda, interrogó a su hermana con habilidad y energía, y obtuvo de ella, entre ocultaciones y rodeos, la declaración de que Mendoza la había hecho sufrir hasta el punto de provocar en ella el deseo de la muerte. Poco después salía de la bóveda el muchacho con la frente nublada por una fiera expresión, bastante rara en aquel semblante picaresco que parecía expresamente formado para reir.

Al obscurecer de aquel mismo día, bajó Tribilín hacia el foso de San Cristóbal, subió sigilosamente las escaleras del medio, y se perdió de vista entre las vueltas y revueltas del Abanico. Sabía que el sargento tenía la costumbre o la obligación de inspeccionar todas las noches la guardia de un pequeño polvorín que había hacia el Norte de la muralla, y de observar si los plantones se hallaban en sus puestos antes del toque de dormir. Después regresaba al Castillo por una de las galerías bajas, y daba el último vistazo a las tropas de su compañía. Llegó el muchacho resueltamente a lo alto de aquel laberinto militar, en donde hay un estrecho pasadizo lleno de obstáculos y rodeos, con un profundo, foso a cada lado. Tribilín recordaba que a un hombre que había caído allí le habían sacado muerto y casi despedazado al día siguiente. Ambos fosos eran bastante hondos para hacer peligrosa una caída en ellos; pero además había en el fondo de cada uno botellas rotas, pedazos de bayonetas y otros objetos de corte o punta, todo revuelto entre agua, lodo y suciedad. En medio de estos dos fosos se situó nuestro héroe tras de un pequeño parapeto del laberinto y esperó. El sargento tenía que pasar necesariamente por aquel sitio.

La noche era obscura y apacible. No se oía por allí más que el canto monótono de las ranas y los coquís, interrumpido de tiempo en tiempo por el alerta de los centinelas del Castillo. Por detrás del fuerte de San Jerónimo, hacia el Este, clareaba un poco el cielo, anunciando la próxima salida de la luna. Tribilín notó al instante aquel indicio; miró con inquietud hacia el lado opuesto por donde esperaba a su víctima, y dijo para sí:

_ Como no venga pronto, me *embarro*.

Poco después se oyeron pisadas fuertes que se aproximaban, y la parda silueta del sargento se fue destacando hasta llegar cerca del escondite de Tribilín. Este se irguió cuanto pudo, hizo una fuerte aspiración de aire, y en el momento mismo en que Mendoza orillaba el foso por aquella parte, le empujó con esfuerzo súbito y supremo en el que hubo de poner en acción casi todo su cuerpo. Mendoza vaciló un instante, lanzó una interjección viril y cayó al foso con gran estruendo...

Tribilín bajó casi rodando por una de las laderas del Abanico, y entró en la bóveda medio aturdido y jadeante. Se acercó luego a la cama de Cristina y le dijo con voz alterada:

_ Ya te vengué; puedes rezar por el alma de Mendoza.

Un terrible grito de angustia contestó a estas palabras, que Tribilín esperaba que produjesen en su hermana un movimiento de gratitud y de alegría.

_ ¡Asesino!_ exclamó indignada la joven, saltando de su lecho y disponiéndose a salir en auxilio de su ofensor, si aún era tiempo de salvarle.

_ ¿En dónde está, qué has hecho de él, desgraciado?_ Y prorrumpió en suspiros y en quejas llenas de inquietud y desesperación.

El muchacho, aturdido y lleno de asombro, se dejó caer en el regazo de su madre, a la que interrogaba entre sollozos:

_ Dime, mamá, por tu vida, ¿qué es lo que pasa aquí? Ella misma me dijo que Mendoza la había ofendido; ya viste cómo quiso matarse.

Ahora clama, se desgañita y se desvive por el mismo a quien antes maldecía. ¿Entiendes tú esto, madre?... ¡Explícamelo, por Dios, que me estoy volviendo loco!

_ Cálmate, hijo_ contestaba la madre, acariciándole. No te inquietes tanto ahora por los demás, y cuídate de tí mismo, que bien lo necesitas. Algo se me alcanza de esas contradicciones mujeriles que tanto te asombran en tu hermana; pero no te las puedo explicar. Ni tampoco hay tiempo que perder ahora. Dime, ¿qué hiciste con Mendoza?

_ Lo *zumbé* en el foso de arriba.

_ ¡Ave María purísima!_ dijo la madre santiguándose. Luego añadió cautelosamente: ¡Huye, hijo, huye y escóndete lo más lejos posible, porque aquí corres mucho peligro! Después veremos lo que se puede hacer.

_ Pero... ¿y ustedes?_ replicó el muchacho, señalando hacia el cajón de los comestibles.

_ Ya nos arreglaremos como podamos. Dios aprieta, pero no ahoga_ contestó la madre con resignación.

Y buscando luego entre unos trapos de su caja de costura, sacó dos pesetas, que constituían todo su caudal; las metió en la mano derecha de Tribilín, cerrándosela después con fuerza; le besó y le abrazó llorando, y le empujó dulcemente hacia la puerta de la bóveda. Pocos instantes después, no se oía allí más que el llanto de Cristina por la desgracia de Mendoza, y sus oraciones fervientes, pidiendo a Dios que hiciera el milagro de salvarle, o si había muerto ya, que le devolviera la vida.

....

Carta de Tribilín a Flora, desde la Habana.

"Querida mamá: Aquí estoy desde hace quince días. Esta ciudad sí que es grande ¡caramba! Le caben dentro cuatro como esa o más. Hay por aquí soldados como hormigas: de tantos que son no se pueden ni contar. Dicen que hay guerra; pero estará muy lejos, porque aquí no se oye un tiro".

"Lo que hay aquí es mucho lujo, ruido y sofocación. Dicen que corre el dinero; pero la corriente esa no me cogió todavía bien. Aquí hay cafés más grandes que *La Mallorquina*, ¡qué tiene que ver!, pero ni los mozos ni los dueños son tan buenos como allá. La primera *jícara* de chocolate que cogí para beberme las sobras me costó un puntapié, y esto causó risa. Salí a buscar un *chino* para romperle el alma al mozo, y ni eso se halla aquí. En las tiendas son también lo más *estiraos …* "

"A todo esto no te conté todavía cómo vine. Pues aquella noche me escondí en el muelle hasta que amaneció. De allí me fui a Cataño, y poco más tarde vi que señalaban el vapor español. Venía cargado de tropas para la Habana. Me pegué en un bote que iba con chinas para el vapor, y subí. ¡Qué gritería! A la hora del rancho comí con los soldados, que se divertían mucho conmigo, y me llamaban *"granuja"*. Luego, cuando se aquietó un poco la gente, me envolví en unas lonas viejas mientras el vapor *arrancaba*; cuando calculé que íbamos bien lejos de tierra, hice como que despertaba, y pregunté azorado por mi bote. Esto produjo entre los soldados una gran risería, y en todo el resto del viaje fui objeto de bromas y de regalos. Cuando llegué a la Habana tenía ya tres gorras de cuartel, una petaca vacía, una navaja sevillana y un pañuelo de algodón con dos corazones rojos bordados en una esquina".

"Aquí en la Habana todo es caro. Las dos pesetas tuyas sólo me sirvieron para mal comer el primer día. Y como aquí no hay gangas, tuve que *apencar* al trabajo. Me alquilé de sirviente en un bodegón, de donde no salgo nunca ni a sol ni a sombra, y trabajo como un perro. Gano diez pesos mensuales y creo que se me irán todos sin lucimiento. Aquí cualquier cosa cuesta un *sentío*".

"Te mando un décimo de la lotería de aquí, que tiene buenos premios. Ojalá que te caiga el gordo, que buena falta te hace. Entonces me avisas y me vuelvo para allá, porque en teniendo uno dinero nadie le tose".

"Me acuerdo del pobre Mendoza, y me remuerde lo hecho. Creo que me excedí, pero ustedes lloraban lamentándose, había que hacer una hombrada para el respeto, y nadie podía hacerla en casa más que yo. Parece que tomé demasiado en serio las lágrimas de Cristina, pero ya no hay remedio. Dios verá que obré con buena intención".

"Aquí los hombres más bullangueros del país se van a la manigua, y los de más paciencia trabajan en los muelles; pero yo aún no tengo talla para la guerra ni fuerza para la estiva. ¿Quieres que me meta a *ñañigo*? El cocinero del bodegón lo es, y por eso *hacemos* un negocio atroz. Si yo me metiera, creo que haría plata; pero no quiero entrar en compromisos sin conocer tu opinión".

"No digas a nadie donde estoy, porque si me empuñan me *escabechan*".

"Todavía no sabes cuánto te quiere tu hijo Tribilín".

Carta de Flora a Tribilín:

"Querido hijo: Tu carta nos llena de alegría, después de tanta ansiedad sin noticias tuyas. Alégrate tú también, hijo, como se alegró tu hermana: Mendoza no ha muerto".

"Al ver que no regresaba al Castillo, salió una ronda, y lo encontró dando gritos en el foso. Tenía solamente algunas heridas en las piernas, y un fuerte golpe en el hombro derecho. Todo quedó curado en menos de ocho días. Dicen que el capote que llevaba le libró de las heridas en el vientre y el pecho. Mejor fue así ¿verdad?".

"Creo que sospecha de tí o sabe ya de cierto que le empujaste, pero no se dá por entendido. Ha preguntado por tí dos o tres veces con buena cara. Parece que te tiene más bien cariño que rencor".

"Ha vuelto a la bóveda otra vez y nos visita con alguna frecuencia; pero ya no llega con las zalamerías y los cumplidos de antes: entra ahora como en país conquistado. ¡No le falta más que proclamar aquí la ordenanza y hacer de la bóveda una sección del cuartel! Nos manda rancho todos los días con Canijo, el de la otra bóveda, y le da a Cristina algunas pesetas a fin de mes. Tenemos que lavarle la ropa y componérsela con mucho esmero, y el día que nota en ella alguna mancha o algún descosido nos quiere comer".

"Recibí el billete, y lo tengo clavado a los pies de la Santa con dos alfileres en cruz, para que me dé suerte. Si me *pego* nos vamos de aquí".

"Ya que estás en la Habana haz cuartos, hijo mío, que a eso van ahí todos, como decía tu padre. Aguza bien el sentío y métete en plata, que bien la necesitamos; pero si puedes, hazlo sin meterte a *ñañigo*. Aunque no sé lo que es eso, la palabra no me suena bien".

"Recuerdos de Cristina y un abrazo de tu madre, etc".

....

Cuatro años después volvió Tribilín a Puerto Rico vestido de militar, a la cubana. Traía el uniforme algo desteñido; pero decente.

Las tres bóvedas estaban ya cerradas, y nadie supo dar al recién llegado noticias de su familia. Mendoza había sido repatriado dos años antes, y no se tenían noticias de él. Tribilín no traía plata ni moneda alguna; pero aseguraba que le debían un dineral.

¡Era teniente del Ejército Libertador!

MITO

I

*E*ntre aquella generación de jóvenes puertorriqueños que alegraban con sus chistosas travesuras el patio del Instituto civil, en espera de que los Catedráticos anunciaran el comienzo de sus lecciones, no se habrá olvidado todavía el nombre de Mito, el estudiante triste, el único entre todos ellos que no jugueteaba ni hacía maldades, y que se reía muy rara vez.

Buscaba siempre para arrinconarse los sitios más solitarios y sombríos, y allí se estaba repasando sus lecciones o escribiendo con mano algo convulsa en su cuaderno de estudio, mientras los demás retozaban alegremente en el centro del patio.

Su verdadero nombre era *Jerónimo*: llamábanle Jeronimito en los primeros meses de su infancia, y por fin vino a quedar Mito, en gracia de la más fácil y rápida pronunciación.

Era hijo de un viejo artesano y de una joven histérica, matrimonio poco o nada feliz a causa de sus frecuentes riñas y desavenencias, y el niño se crió y creció con dificultad, siempre encanijado, enfermizo y excesivamente nervioso. Sus manos descarnadas y venosas, con los dedos algo encogidos y como desviados de su dirección natural, estaban constantemente frías. En la adolescencia parecía haber mejorado algo su salud; pero se mantenía siempre flacucho, endeble y dominado por una sensibilidad nerviosa exagerada. Tenía la cabeza grande, la frente espaciosa, los ojos algo hundidos, de mirada inquieta, e iluminados a veces por extraño brillo. El óvalo de su rostro era demasiado largo, su nariz demasiado saliente y un tantillo ladeada; pero aunque el conjunto de su fisonomía distaba mucho de ser bello, no tenía nada de repulsivo; era más bien agradable y simpático.

Algo había de neurótico en aquel adolescente que ya llegaba a los linderos de la juventud. Desde pequeño había revelado grandes disposiciones para el estudio, y en el Instituto había ganado los primeros premios de Latín, Historia, Francés, Retórica y Poética. Sentía gran entusiasmo por estas y otras asignaturas del programa de segunda enseñanza, tenía buena memoria y una gran facilidad de asimilación y generalización.

Corría ya por la ciudad la fama de la inteligencia de Mito, y esto enorgulleció a su padre de tal suerte que puso desde entonces su mayor empeño en darle una carrera científica.

El padre de Mito era albañil, con aspiraciones a Maestro de obras, aspiraciones fundadas en una larga práctica del oficio, y en el esmero y atención que ponía siempre en sus trabajos. Tenía fama de hombre formal y probo, y cuidaba eficazmente de las obras y los intereses que se le confiaban. Había trabajado en la construcción de edificios militares y civiles famosos en la ciudad. Manejaba ya el palaustre cuando se edificaba la Intendencia (hoy Tesorería), trabajó también en la construcción laboriosísima del Cuartel de Ballajá; había tomado parte en las obras de puentes y muros formidables de la carretera militar de San Juan a Ponce, y había sido testigo y cooperador de la admirable audacia de Enrique Berrocal, cuando transformó en pocos días aquel destartalado y ruinoso caserón del Mercado viejo en el esbelto y sólido edificio donde a la sazón estaban instalados el Instituto y la Diputación Provincial.

Para el viejo albañil había algo de sobrehumano en aquellas transformaciones que ideaban los ingenieros, en la concepción y dirección de aquellas moles que resistían el empuje aterrador de huracanes y terremotos, y que parecían desafiar impávidas a la demoledora piqueta de los siglos. Para él, un ingeniero como algunos que había conocido y admirado en el curso de su vida, era una especie de semidiós, un Creador capaz de concebir y realizar obras inmortales, y lo primero que se le ocurrió en consonancia con esta idea, al saber que tenía un hijo talentoso, fue hacer de él un gran ingeniero.

Frisaba por entonces el anciano albañil en los sesenta años, y la carrera de ingeniero civil en España exigía próximamente doce años de estudio; pero él se sentía con salud y resistencia bastante para vivir y trabajar de firme, hasta que su hijo volviese triunfante. Y con tanto entusiasmo acarició esta idea, que poco a poco se le fue convirtiendo en manía. No toleraba objeciones, y la resolución de que su hijo había de ser ingeniero quedó impuesta en su casa como un artículo de fe.

Pero lo triste del caso era que Mito, tan admirablemente apto para los estudios literarios, iba como forzado y cuesta arriba en todo lo concerniente al cálculo y a las operaciones numéricas. Precisamente en aquel año sudaba el pobre alumno la gota gorda con el segundo curso de Matemáticas, en el que no lograba progresos alentadores.

El recuerdo del primer curso en la misma rama de ciencias le producía escalofríos de terror. Había hecho un examen flojo en Aritmética y Algebra, y el tribunal le había dado nota de *suspenso*. Llegaba justamente entonces a su más alto grado de exaltación el entusiasmo del viejo albañil, pensando en que su hijo había de ser ingeniero, y estuvo a punto de enloquecer cuando Mito le comunicó, sollozando, la fatal noticia. Con la primera estaca que halló a mano allí mismo, en el portal de la maestranza de Artillería, le dio quince o veinte golpes terribles en la cabeza, en la espalda, en los costados, en las rodillas, sin reparar en dónde, y salió luego gritando y forcejeando entre dos amigos que le empujaban y le tenían sujetas las manos. Quería volver a la carga sobre el infeliz estudiante, que aturdido, casi derrengado y con el rostro cubierto de lágrimas y sangre, yacía sobre las losas del pavimento.

Más de una hora tardó en sosegarse el anciano, y con voz entrecortada refería a sus compañeros el motivo de aquella gran desazón: "Su hijo tenía *aceite en la lámpara*, (se tocaba la frente al decir esto), y era muy justo que aprovechase aquella luz de Dios en dar gusto a su padre, y no en pronunciar discursos en las veladas de agualoja de la Caleta. Quería hacer de su hijo un ingeniero, y el muy taimado lo aprendía todo menos aquello que le convenía. Bien sabía él que su padre se sacrificaba trabajando sin descanso, y que estaba dispuesto a hipotecar la casita que por sus propias manos había construido al casarse, todo para mantenerlo en el Instituto y después en Madrid, y pagarle los estudios hasta la terminación de su carrera; y ahora, a lo mejor, salía con que no le entraban las Matemáticas … ¡No le entra esto, inútil, después que le han entrado los latines y toda esa *batumba* de historias que da gusto oírle contar cuando le tiran de la lengua!… Pues le entrarán las Matemáticas, sí, le entrarán, de seguro. ¡Le entrarán, aunque tuviera que agujerearle la cabeza para metérselas a martillazos! ¡Con él no jugaría más su hijo, ¡caramba! ¡Todo aquello que alegaba Mito de falta de disposición para el cálculo era maulería, vagancia o ingratitud!

Y al hablar así se exaltaba de nuevo el anciano, y lloraba al fin y se abatía su ánimo bajo la acción de una extraña mezcla de ira, resentimiento y amor paternal adulterado por el orgullo y la ambición. Sentía que se le iban a desvanecer sus ilusiones, que se le escapaba de entre las manos aquella ingeniería de su hijo, que con tan vivo entusiasmo había contado ya como segura.

Entretanto, unos piadosos vecinos habían llevado el estudiante a su casa, lleno de heridas y contusiones, y en un estado de ánimo lastimoso. La madre al verlo lanzó un grito de angustia y se desmayó.

II

Cerca de un mes permaneció en cama el infortunado Mito, víctima de una gran crisis nerviosa, y de un delirio febril. La madre realizó verdaderos milagros de actividad y de resistencia, velando sin cesar en la cabecera del enfermo, y prodigándole toda clase de cuidados y consuelos. Rayaba en lo sublime aquella mujer, también atribulada y enferma, olvidándose de sí misma para entregarse a las más extremosas atenciones del amor maternal.

Vencida al cabo la enfermedad y cicatrizadas las heridas, Mito buscó de nuevo sus libros de Aritmética y Algebra, estudió repetidas veces en ellos, fue a repasar sus lecciones con algunos condiscípulos suyos que habían triunfado de aquellas asignaturas en el último curso, y ya fuese por el esfuerzo extraordinario que hizo para aprender, o porque los Catedráticos se hubiesen movido a compasión con la noticia del injusto y bárbaro castigo, el caso fue que en el examen que hubo al terminar las vacaciones de aquel año le aprobaron el primer curso de Matemáticas, y pudo matricularse en el segundo.

El padre se alegró mucho de este triunfo, y hasta se envaneció un tantillo de él, atribuyéndolo a la oportunidad y energía de la paliza pasada. Con esto se afirmó más en la vieja y absurda creencia de que el palo es el sexto sentido de los estudiantes descuidados, y ya no perdió ocasión de recordar a Mito la escena brutal de los estacazos, creyendo de buena fe cumplir con ello un deber de padre, y asegurar la realización de sus más vivos deseos.

La pobre madre sufría cruelmente al oír estas opiniones de su marido, y hasta se aventuraba alguna que otra vez a contradecirlas tímidamente; pero él insistía y replicaba, repitiendo sus opiniones con mayor vehemencia. _ Eso de las aptitudes especiales_ decía _ son cantaletas de Mito que a mí no me convencen. O tiene o no tiene casco (y al decir esto se tocaba con el dedo índice el medio de la frente.) Si lo tiene para orador y poeta, y para todas esas músicas celestiales que no dejan utilidad, debe tenerlo para ingeniero, que es lo más grande que hay después de Dios. Esto es de clavo pasado, mujer, y que no me venga Mito con mitologías... Y déjate tú de inútiles lloriqueos, que bastante culpa tienes de lo que pasa. Aquí no hay escapatoria, ¡leño! O gana en junio el curso de Matemáticas o el de *cocomacaco.* ¡Y verás como tras de este último viene el otro sin dificultad!

III

Mito amaba a su madre con verdadera idolatría. Dotado de una gran sensibilidad, de una delicadeza casi femenina y de un carácter afectuoso y tierno, había concentrado su cariño desde la infancia en el único ser que le correspondía, que adivinaba sus penas, que sufría y lloraba con él, y en cuyo regazo, siempre amoroso y tibio, había derramado tantas lágrimas, y había reposado y soñado tantas veces. Ella era su confidente, su musa inspiradora, su consuelo único, su único amor...

¿Único? ... Puede que sí; pero allá en lo más recóndito y secreto de su ser conservaba Mito el recuerdo de una muchacha pálida, esbelta, de cabello negro y abundante, de ojos obscuros de dulce mirar... La había visto por primera vez en una velada estudiantil, en la cual pronunciaba él un discurso a la fuerza. Varios compañeros suyos del Instituto le habían llevado allí mañosamente, sin decirle para qué, le empujaron luego con brío por una puertecilla, y se halló de pronto sobre una especie de escenario de teatro casero. Estaba atónito, avergonzado, sin poder salir por donde lo habían metido, y teniendo enfrente un público predominantemente femenino, que le saludaba con grandes aplausos.

Trató de excusarse, dijo algunas palabras para explicar el caso, y le aplaudieron de nuevo y más ruidosamente. No tuvo más remedio que hablar, y habló... Su cabeza en aquel momento le parecía un volcán. No recordaba después una sola palabra del discurso. Vínole a la mente como un asidero de salvación su tema favorito, la mujer, y de ella habló en general, pero muy especialmente de la madre. "La abundancia del corazón subió a sus labios," y generalizó en frases de alto elogio el sentimiento que le inspiraba su propia madre. Llegaron los primeros aplausos a su oído como oleadas de simpatía y de aliento, que serenaban su ánimo y estimulaban su inspiración ... Entonces vio por primera vez a la muchacha de ojos negros. Estaba en la tercera fila de oyentes; le miraba con gran atención, y sus manos pálidas y finas se movían batiendo sin cesar, como dos blancas alas de paloma ... Hablaba él entonces del amor abnegado y sublime, del puro amor maternal.

¿Quién era ella? Mito no la había visto hasta entonces, ni pudo mirarla bien siquiera en aquella ocasión. Cuando acabó de hablar, miró tras de sí el azorado estudiante, vio que estaba abierta entonces la puertecilla que le habían cerrado al entrar, y por ella se escapó dando tumbos, mientras resonaban en la sala los aplausos y las aclamaciones. Transcurrieron algunos meses sin que hubiera vuelto a ver a la muchacha, hasta que un día, al pasar por frente a una pequeña casa de la Meseta, distinguió a su pálida, allá en el interior, con la vista fija y el semblante inclinado sobre una máquina de coser. Mito reconoció al instante el perfil de aquellas dulces facciones, y desde aquel día pasaba dos o tres veces por la acera de la pequeña casa, y miraba atentamente hacia el interior. Sus amigos y compañeros del Instituto no acertaban a comprender por qué Mito procuraba entonces quedarse solo, y daba después aquel rodeo por la Meseta, que no era precisamente su camino habitual.

Una tarde en que estaba, ella asomada a la puerta de su habitación cuando pasó Mito, se saludaron ambos adolescentes y cambiaron entre si una mirada tímida y dulce. Los dos semblantes pálidos se tiñeron a la vez de un colorcito rosado, y en ambos se inició también al mismo tiempo una sonrisa.

Aquella tarde se sintió Mito más animado y alegre, y abrazó y besó a su madre con un cariño todavía más intenso que el de otros días.

Luego… ocurrió la escena de los estacazos, cuya noticia cundió por la ciudad, y Mito, avergonzado, no había vuelto a pasar por frente a la pequeña casa de la Meseta. ¡Así había fracasado al empezar su candoroso y único preludio de amor!

IV

Estudiaba Mito con gran dificultad su segundo año de Matemáticas; no encontraba forma de familiarizarse con aquellos endiablados problemas de Trigonometría que figuraban en el programa, y aumentaban de día en día sus temores de perder el nuevo curso de ciencias exactas, a pesar de sus grandísimos esfuerzos. Y a medida que ese temor aumentaba con la proximidad de los exámenes, aumentaban también las angustias de su ánimo al pensar en el horrible castigo. Temblaba al solo recuerdo de aquellos golpes crueles que en el año anterior habían estado a punto de comprometer su vida, y sufría con frecuencia pesadillas muy penosas con este motivo.

Cuando ya no faltaba más que un mes para empezar los exámenes, el estado nervioso de Mito llegó a una excitación lamentable. Cualquier contacto inesperado le hacía estremecer, vivía en continua zozobra, dormía con dificultad y se despertaba sobresaltado al menor golpe o ruido. Su buena madre sufría también de un modo indecible, con esa pasividad resignada de la mujer ante los males que no le es dado evitar.

Algo notó también el viejo albañil acerca del aspecto desaliñado y tristón de Mito, pero más que a sufrimiento moral o a dolencia física lo atribuyó a fingimiento y engaño, para cohonestar su pereza o terquedad de estudiante desaplicado. Así fue que_ para infundirle lo que él llamaba saludable temor_ dio en menudear los alardes de crueldad, las amenazas y hasta los preparativos de algún escarmiento descomunal.

Una noche en que Mito explicaba las dificultades con que tropezaba en sus lecciones de Trigonometría, dijo secamente el padre:

_ Todo eso que dices se arregla y se resuelve con esta varita de virtud.

Y apretaba, con su callosa diestra la vara de medir paredes, en la que brillaban muchas cabezas de clavos.

Mito no pudo dormir aquella noche...

Según aumentaban los temores y las angustias del desgraciado estudiante, crecían en él el amor y el apego hacia su buena madre, único ser que le comprendía, que compartía sus penas y que hubiera sido capaz de dar por él su propia vida.

Durante las horas de fiebre que habían seguido a la cruel paliza sufrida por Mito, hacía ya cerca de un año, su madre le había colgado del cuello un escapulario de la Virgen del Carmen, de la cual era muy devota. Tenía mucha fe en la eficacia de aquella especie de reliquia, que ella solía llevar sobre su corazón, y encargó a su hijo que la llevara siempre consigo, como un talismán protector. Y aunque Mito no se había distinguido nunca por el fervor de sus creencias religiosas, recibió y conservó cuidadosamente aquel signo de devoción, que le recordaba el más tierno y sublime de los amores. Parecíale que en aquel escapulario llevaba consigo algo esencial y extra-mundano de aquella madre que había sido y era para él en el mundo el único bien.

En los momentos de gran angustia y abatimiento a que solía entregarse Mito en los días próximos al temido examen, sacaba el escapulario; le besaba sollozando, como solía, besar a su madre en las horas tristes, y le apretaba luego sobre su corazón, como un misterioso amuleto del que esperara alguna calma en medio de tanta ansiedad.

V

Llegó por fin entre horribles temores el tiempo de los exámenes, y en los primeros ejercicios obtuvo Mito un gran triunfo en la Asignatura de Historia Natural. La madre del estudiante lloró de alegría; pero el padre creyó que era deber suyo no entusiasmarse ni dar siquiera un poco de flexibilidad a las arrugas de su ceño.

_ Está bien eso_ dijo_ pero yo espero lo otro, que es lo que interesa más.

Y *lo otro* era el segundo curso de Matemáticas, en el que había encontrado Mito escollos formidables. Puso en tensión penosísima sus facultades mentales; leyó y repasó sin cesar aquellas para él áridas lecciones; hizo números, trazó líneas, y dibujó formas planas en su cuaderno de estudio, hasta quedar abatido por el agotamiento y el cansancio, y cuando ya iban a terminar los exámenes de aquella asignatura, hizo un esfuerzo y se presentó ante el Tribunal.

Era un sábado por la tarde. Mito se sentía como abatido por las continuadas vigilias y el exceso del estudio, y en un estado nervioso deplorable. Había estado esperando en su rincón habitual hasta que llegó el turno correspondiente. Se hallaba tembloroso y azorado; sus manos ordinariamente frías, estaban entonces como hielo. Cuando sonó la campanilla y oyó pronunciar su nombre, entró en la sala de examen con paso inseguro y desigual.

El examen fue largo, y Mito no estuvo feliz en sus contestaciones, ni seguro en sus ejercicios prácticos. Las personas peritas que asistieron al acto aseguraban que Mito no merecía sin embargo la reprobación que obtuvo, porque _ a pesar de sus tropiezos _ probó que conocía la asignatura tan bien como otros que habían sido aprobados en días anteriores. Corrieron con tal motivo versiones muy curiosas acerca de la severidad demostrada por el Catedrático calificador en el caso de Mito. Una de ellas decía que horas antes ese mismo Profesor había dado nota de *suspenso* al hijo de un coronel del ejército, a consecuencia de lo cual había entrado el padre en la sala de exámenes a paso de carga, y había obtenido reforma favorable en la nota de su hijo, a fuerza de amenazas y de interjecciones malsonantes. El tribunal creyó que este suceso podía establecer precedentes peligrosos si no se efectuaba una pronta y saludable reacción de severidad en los examanes subsiguientes, afianzándose de este modo el principio de autoridad.

Lo cierto del caso fue que a Mito le dieron nota desfavorable, y salió como loco, entre la rechifla de algunos estudiantes malévolos y las frases de aliento y de consuelo que le dirigían los demás. Subió calle arriba por la del Cristo, tropezando con los transeúntes que hallaba a su paso, y así ganó la esquina de la calle del Sol. Acordóse allí de que su padre trabajaba a la sazón en Casablanca, y que estaría impaciente por saber el resultado del examen. Estremecióse al pensar en ello el desgraciado estudiante, y hubo de apoyarse en el muro del Seminario mientras le pasaba un vértigo que le acometió. Llegado que hubo luego a la plaza de San José, bajó por entre el Hospital Militar y el Cuartel Nuevo, y por allí anduvo torpemente, como un beodo, hasta llegar a la mitad del Campo del Morro.

Allí se detuvo, como dudando de la dirección que había de tomar. Miró hacia el cementerio y sus alrededores; parecía buscar con la vista los sitios más altos de la muralla y los más hondos precipicios. Su mirada tenía entonces una vaguedad siniestra; sus párpados enrojecidos contrastaban con la palidez de su semblante desencajado, y se hacía cada vez más corta y jadeante su respiración. Después de vacilar algunos minutos se dirigió con paso algo más firme hacia la parte Sur de la roca viva sobre la cual está cimentado el Castillo del Morro. Aquel era el sitio predilecto a donde solía ir Mito en las tardes claras y apacibles, para admirar el grandioso espectáculo de la puesta del sol.

Tiene la roca por aquella parte la forma de un muro casi vertical, y abajo el mar profundo, de un azul purísimo, forma entre rítmicas y suaves ondulaciones un gracioso remolino de espuma. Allá en frente estaba el astro del día próxima a ocultarse ya, y produciendo con su luz uno de esos maravillosos efectos decorativos tan frecuentes en las tardes puertorriqueñas. Diríase que el sol moribundo, en esa hora suprema de la despedida, deja caer, como una bendición de padre sobre su hija predilecta, los más bellos y magníficos tesoros de su lumbre.

Mito le miró con asombro y tristeza. Por un contraste irónico de la suerte, le parecía más bello que nunca aquel espectáculo que él había contemplado tantas veces desde allí. El mar, que por aquella parte parecía un lago de oro en esplendorosa ebullición, iba perdiendo en grados imperceptibles sus tonos luminosos por la parte de oriente, hasta llegar a un bello y puro color azul. Al otro lado la graciosa línea del litoral bordeada de palmas, la cordillera lejana de suaves ondulaciones, velada apenas por tenues gasas de vapor, y arriba el azul espléndido, en el que formaban bellísimas gradaciones los reflejos del sol agonizante. Hacia el Este descollaba la población alta, con su conjunto panorámico de ciudad oriental …

De pronto, y cuando más absorto parecía Mito en la contemplación de tanta belleza, se nubló su vista y sintió en todo su cuerpo un escalofrío mortal. Acababa de distinguir a su padre, que le miraba y le hacía señas enérgicas, destacando su angulosa y alta silueta por entre las almenas de Casa Blanca.

Volvió en sí el joven estudiante, como si despertara bruscamente a la triste realidad después de un agradable sueño. Sentóse sobre la peña con los pies colgantes hacia el mar, dejó caer por la espalda su sombrero de paja, sacó del pecho el escapulario, lo besó cariñosamente, y con el ademán de un niño que se desliza sobre la falda de su madre, se dejó caer Mito sobre el blando regazo del mar. Sobre el cuerpo del estudiante al caer brilló, como acariciándole, un rojo destello del sol que también se sumergía; se agitó abajo el agua, como si celebrara la llegada del nuevo huésped, y adquirió luego la superficie su aspecto habitual, apenas alterado por unas leves burbujas que subían desde el fondo, y por el escapulario que subía lentamente tras de ellas, y que permaneció a flote, como para señalar allí el sitio de la catástrofe.

Cuando llegó el artesano a lo alto de la roca sólo encontró arriba el sombrero de su hijo, y distinguió abajo, con gran consternación y asombro, el escapulario del Carmen, que él mismo, algunos años antes, había regalado a su mujer.

AMALIA

A MI BUEN AMIGO EL DR. F. DEL VALLE ATILES

No bien el cura del cementerio había murmurado en latín ante el cadáver las últimas palabras de despedida, cuando los empleados de la agencia funeraria se lanzaron sobre el *churrigueresco* ataúd, como una bandada de buitres sobre su presa. Provistos de tenazas, pinzas, martillos y destornilladores, fueron arrancando con estruendo y violentas sacudidas de la caja mortuoria gran número de piezas metálicas que tachonaban el negro fondo, alterando grotescamente su luctuosa severidad.

El cortejo fúnebre se dispersó en seguida, para no presenciar aquel triste acto de despojo. Muchos de los acompañantes tomaron de nuevo el camino de la ciudad; otros se desparramaron por el cementerio, ya para dar un vistazo al nicho que parecía esperar con la boca abierta el cadáver recién llegado, ya para visitar alguna tumba querida o para discurrir sin objeto determinado por aquel erial tristísimo de la muerte.

Yo me interné por una de las zonas más pobres (que también en el cementerio hay clases), por una de esas barriadas de sepulturas en las que el dolor estaba expresado solamente por medio de alguna pequeña planta, algún tarjetón con letras medio desteñidas por la acción de la lluvia, o algunas cruces negras y escuálidas, que parecían surgir de la misma tierra, con los brazos abiertos en demanda de caridad.

La clase media reposaba más allá, encasillada en el muro con vulgar amaneramiento y simetría. El nicho, el prosaico nicho con su abrumadora uniformidad era en aquella desolada necrópolis la representación del estado llano. En las avenidas y alrededor de la capilla estaba el barrio suntuoso de la aristocracia, exteriorizado por el mármol esculpido y la mampostería monumental.

Recorrí también esta parte del cementerio, buscando entre los panteones alguna inscripción notable, o alguna estatua verdaderamente artística, y algo hallé digno de alabanza en medio de aquel cúmulo de *anjelotes* con caras de memos, de alegorías demasiado comunes de la Orfandad y de la Muerte, y otras figuras y artefactos propios de la escultura industrial.

Entre los monumentos de más valor material y artístico había llamado especialmente mi atención uno de estilo griego, de labor esmerada y severa, y de muy agradables proporciones. Servía como de pedestal a una estatua verdaderamente bella. Era de ese mármol de Carrara que tiene la nitidez y la blancura de la cera virgen, y representaba una deidad olímpica en actitud de esparcir flores sobre una tumba. La expresión dulcemente melancólica de aquel semblante, la pureza y suavidad de las líneas, los bien estudiados pliegues de la clámide y del peplo, la actitud un tanto académica, pero elegante y majestuosa, y la armonía irreprochable del conjunto, decían bien claramente que aquella obra no era de las adocenadas que suelen expedir (cuando se las encargan sin gran interés estético) los comerciantes y comisionistas de Génova.

Sentí deseos de conocer el origen de tan apreciable monumento, y le pregunté a uno de mis amigos que por allí pasaba: _ Sólo se lo que expresa la inscripción, que es bien poco_ me contestó._ No dice más que AMALIA. Pero tu curiosidad puede quedar satisfecha si le preguntas al Dr. Babel, que está relatando ahora, junto al panteón de Quintanilla, los méritos del que allí yace, y el significado de la lira rota y del reloj de arena grabados en el frontis del mausoleo.

_ Sentiría molestarle a tal hora y en este sitio, con una pregunta baladí …

_ ¡Todo lo contrario! _ El Doctor es la crónica viva parlante de la sociedad puertorriqueña, y se perece por encontrar ocasiones oportunas para el recuerdo y la narración. Yo mismo le hablaré.

Hablóle, en efecto, y el bondadoso anciano refirió la siguiente historia, mientras regresábamos a la ciudad:

Amalia era una de las jóvenes más bellas e interesantes de su tiempo, uno de esos tipos de mujer, tan frecuentes en las Antillas, que reúnen en sí la dulzura y languidez inimitables de la criolla, y la expresión, donaire y gallardía de la europea meridional. La conocí cuando todavía usaba vestido corto, y aún me parece ver aquel semblante de niña, candoroso y dulce, dotado al mismo tiempo de una movilidad y una expresión extraordinaria, aquel busto escultural de diosa griega, ostentándose gallardamente sobre un talle esbelto y flexible, poblado de ritmos misteriosos, de promesas inconscientes y de todos esos admirables albores del florecimiento femenil. Tenía los ojos grandes, obscuros y de mirada luminosa, muy viva, aunque semivelada a veces por una ligera inclinación de los párpados superiores; nariz fina, sonrosada y nerviosa; rostro correctamente ovalado, y boca agradable, fresca y de graciosas comisuras, con labios ligeramente carnosos, húmedos e insinuantes, que parecían modelados para besar y sonreír. Una cabellera rica, sedosa, brillante, de color castaño, daba tono y suavidad a tan raro conjunto de perfecciones.

Fue muy celebrada esta belleza entre los jóvenes de aquel tiempo, y no he de negar que formé también en el coro de sus amartelados y platónicos admiradores.

Había quedado huérfana de madre a los seis años, y la cuidaban y asistían dos esclavas negras, de edad madura, que le servían con lealtad y sumisión, pero en las cuales no podía encontrar ella el afecto generoso y vehemente que necesitaba.

Su padre no podía satisfacer tampoco ese natural y vivísimo anhelo de la niña. La amaba a su manera; quizás en lo recóndito de su ser sentía el amor tan intensamente como el más cariñoso y dulce de los padres; pero carecía de expresión, de formas y de palabras propias para exteriorizar tan delicados sentimientos. Era de carácter adusto y reconcentrado, áspero en el decir, desabrido y torpe en el trato, y a veces impetuoso y violento hasta la temeridad. Su esposa había logrado modificar o atenuar por algún tiempo aquellas cualidades, con ese influjo certero y persistente de la mujer, tanto más eficaz cuanto más disimulado y apacible; pero después que ella murió, ciertas pasiones antes morigeradas o latentes se manifestaron en él con avasalladora energía, y hasta en detrimento de los más generosos y naturales instintos.

La avaricia le dominó por completo. Era rico hacendado y los pingües beneficios que entonces se obtenían con el azúcar le parecían insignificantes. Quiso multiplicar la ganancia con el tráfico de negros, muy en auge a la sazón, y dedicó a este bárbaro negocio todas las terquedades y osadías de su mal dirigida voluntad … A los pocos años era ya dueño de una colosal fortuna; pero en uno de los viajes que hizo a la costa de Guinea, en busca de la nueva mercadería por él tan despiadadamente explotada, trajo también con ella el germen de una enfermedad que le mató.

No había cumplido Amalia quince años, cuando se halló de pronto en orfandad absoluta, y dueña al mismo tiempo de uno de los mayores caudales del país. Dueña tan sólo en ciertas condiciones, porque su padre había dispuesto que un hermano de él, administrase la hacienda y fuese el tutor y curador de Amalia durante su minoría de edad.

Don Segundo_ que así se llamaba el favorecido_ no era en realidad un perverso en toda la extensión de la palabra, sino más bien un hombre de instintos egoístas, no equilibrados por los afectos de la familia ni por una educación discreta y previsora. Hijo de campesinos muy laboriosos, pero como él, ignorantes de toda ciencia y sin noción bien clara del deber moral, toda su hombría de bien se fundaba en pagar con puntualidad lo que tomaba al fiado, en guardar la forma de la honradez exterior, practicar el culto externo de su religión, y ajustarse en su conducta pública a los preceptos rudimentarios de la formalidad y el orden. Había sido negrero con su hermano durante algunas expediciones, sin darse cuenta exacta del atentado que cometía. No dejaba de sentir cierto pesar confuso, cierta vaga reprobación en sus horas de soledad y de reposo; algún sedimento amargo quedaba en el fondo de su conciencia después del infame alijo y de la despiadada explotación, pero no llegaba nunca a comprender con verdadera claridad las proporciones de tal delito.

Aquello era triste, sí señor; su hermano le había metido en un negocio algo repugnante, pero al fin la cosa no era para andar con grandes escrúpulos. Otros que tenían fama de hueros y hasta disfrutaban de altísimos honores oficiales, hacían lo mismo, los absolvía el cura y dormían bien. ¿Era justo que él sólo se entristeciera y desvelara? No insistiría en el tráfico; había ya en la hacienda dotación sobrada para las faenas agrícolas y los trabajos domésticos, y no tenía necesidad de comprometerse en nuevas aventuras... Luego aquél clima infernal, y las enfermedades que se desarrollaban a bordo durante la navegación... En fin, decididamente abandonaría el tráfico aquél, y aún acariciaba el propósito de hacer más llevadera la vida de aquellos pobres seres, no extremando para con ellos las crueldades del castigo.

Con estas o parecidas reflexiones se confortaba don Segundo en las horas de cavilación y de tristeza. Luego el ardor y la insistencia en el trabajo habitual, y el trajín vertiginoso de la zafra, le mantenían por largo tiempo libre y hasta olvidado de todo reproche interno y aún de la más leve aprehensión moral.

Amalia, entre tanto, vivía en el mayor aislamiento. Desde la muerte de su padre habitaba en la casa de la hacienda, sin más comunicación que la de su invariable servidumbre, alguna anciana amiga de la familia, que de vez en cuando iba a visitarla, y su tío y tutor, que cuidaba de ella como de un ave preciosa, dándole todo cuanto apetecía, menos espacio y libertad. La quería y la consideraba a su modo; la reconocía como dueña única de la fortuna de su hermano, sin repugnancias y sin protestas; estaba quizá muy lejos de desear la muerte de la joven, con miras de sordidez y de codicia; pero se desconcertaba y enfurecía con la sola idea de que Amalia pudiera casarse, entrar en posesión directa de sus bienes y dejarle a él como a un extraño, cuando más como a un simple mayordomo, en aquella hacienda que él quería tanto, que le atraía y le sujetaba como si en ella hubiese echado raíces; dejarle como a un cualquiera ante aquella magnífica dotación de esclavos que_ en parte a lo menos_ había fomentado él, y era, por consiguiente, obra suya.

Y era verdad que don Segundo sentía como una especie de tradicional apego hacia gran parte de la negrada de la hacienda. A tal negrito lo había comprado él personalmente, por un pedazo de franela roja, varios pedazos de espejo, y un collar de canutillos y cuentas de relumbrón; tal negra madre lloraba allá en la arena de la costa, en frente del barco, y él, don Segundo, la había dado caza con el auxilio de un grumete muy listo y un par de perros; tal otra se había lanzado al agua después del embarque, y él sólo había conseguido pescarla y volverla al bote, aturdiéndola con un golpe de remo... Y así muchos más, cuya adquisición o captura atestiguaba ante los ojos de don Segundo otras tantas hazañas de su habilidad y fortaleza, habían concluido por inspirarle un afecto particular, indefinible, en el que había tal vez algo de cariño o simpatía, torpemente mezclado con interés de dueño y orgullo de cazador.

_ Bien está que todo esto sea de Amalia porque al fin es hija de mi hermano, y es buena; pero de otro no ¡canario! Porque esto no lo ha sudado nadie más que el padre difunto … y yo.

Así reflexionaba don Segundo cada vez que le venía a las mientes la idea de que su sobrina pudiera enamorarse, y a fuerza de insistir y de habituar su juicio a la monotonía del mismo razonamiento, parecía llegar a convencerse de que tenía razón. De nuevo se producían con este motivo en su perturbada conciencia las amalgamas y componendas entre el deber y el provecho, a las cuales propendía naturalmente la complejidad de aquel carácter; y después de haber formado conceptos y planes sobre la base de ese casuismo inconsciente, solía llevar sus consecuencias hasta los últimos límites, sintiéndose como convencido y satisfecho de su honradez.

No negaba, no podía negar el derecho que tenía la joven a contraer matrimonio; pero, llegado este caso, él, nadie más que él debía dirigir a su sobrina en la elección de esposo... Algo se había dicho ya de un jovenzuelo atrevido, que había pasado varias veces por junto a la casa de la hacienda, con pretextos fútiles, y hasta había querido mandar después un recado amoroso con la criada de la joven; pero ya estaban tomadas las precauciones para que el tal no volviese por allí. A otro que dio también en rondar de noche por las cercanías de la casa, canturreando coplitas de amor, ya se le había espantado con un tiro de escopeta cargada con pólvora sola, y el sereno de la hacienda tenía orden de repetir el disparo contra el mequetrefe, sazonando entonces la carga con pequeños granos de sal. Y amén de estas y otras medidas análogas, mucho celo, mucha policía, y continuo y redoblado espionaje ¡canario! que donde menos se piensa brinca la liebre, y más valía prever que remediar.

Así la desventurada joven se encontró bien pronto en clausura verdadera y perenne, con más centinelas de vista que un reo de muerte en víspera de ejecución. Cuando_ aburrida de la soledad de la casa_ manifestaba deseos de salir a paseo, un criado fiel, temeroso y obediente a las órdenes de don Segundo, la llevaba con alguna de las siervas que la asistían, en uno de esos carruajes de hacienda, fuertes, holgados, sombríos y cubiertos por todas partes: una especie de coche celular. En él solían conducirla también al pueblo, cuando ella lo deseaba; pero siempre en compañía y bajo la vigilancia directa de los esclavos, y del propio don Segundo, no tan visible a veces, pero nunca menos asiduo y sagaz, Era aquel un verdadero secuestro, ejercido en nombre de conveniencias mal entendidas y en supuestos motivos de recato y bien parecer.

Y don Segundo continuaba relacionando sus juicios y sus razonamientos sobre la situación de Amalia, con los impulsos de su propio carácter egoísta y dominador.

No; ¡imposible! No podía él consentir que la hija de su hermano, tan delicada y tan graciosa, se casara así, sin más ni más, con quien no la mereciera. ¡Pues qué! ¿No había más que casarse con muchachas ricas, apoderarse de su caudal y hacerlas infelices para siempre? Ya contaba él con que habían de acudir muchos golosos a disputarse el caudal más bien que el corazón de la muchacha, por más que ella iba echando un palmito delicioso y una cara de cielo, que no había más que pedir ¡Canario con los atractivos que iban floreciendo en la sobrina!... Pero eso del noviazgo no era puñalada de pícaro, y había que andar en ello con pies de plomo. ¿Casarse? Ella no había dicho aún nada de eso. Tampoco él trataba de oponerse a lo que la misma iglesia consagra; pero había que pensar el cómo, el cuándo y el con quién. Sobre todo el con quién... Por que... vaya, ¿cuál era el mozo que verdaderamente convenía a la muchacha? Ninguno de los que él conocía hasta entonces, y que pudieran estar animados de amorosa intención hacia ella. Entre los que la "miraban mucho" los había de dos clases: *finos y fuertes*. Los primeros eran presumidos, currrutacos, cumplimenteros, muy a propósito para pintar la sigueña y hacer el oso con facilidad: sabían al dedillo todos los cumplimientos del galanteo y todos los requinlorios del amor; pero eran flojos, encajinados y haraganes; parecían hechos de alfeñique o de pastaflora, y había que cogerlos con papelitos. ¡Canario con los muñecos de escaparate! Ninguno tenía fuerzas para levantar siquiera dos arrobas a pulso. ¡Valiente arrimo había de encontrar en ellos una mujer!... Los otros eran recios, vigorosos, trabajadores, eso sí; algunos conocía él capaces de conservar la hacienda de la chica, y de ampararla y defenderla con brío; pero... la verdad, pecaban por el exceso contrario: eran ásperos, poco expresivos y bastante desmañados; no lograrían insinuarse bien en el ánimo de Amalia, ganar su cariño, hacerla dichosa, en fin... Sería mucha crueldad darle un marido semejante, a ella que era una verdadera sensitiva, como había dicho el Dr. Aguirre cuando la curó del ataque. Pues digo... ¡Una muchacha que llora, pierde el conocimiento y parece que va a morirse cada vez que los capataces de la hacienda azotan a algún esclavo. ¡No, no! Sí no se presentaban otras proporciones, mejor era que se quedase *libre*. Así sería siempre dueña de su voluntad y de su hacienda, y ningún intruso torpe o botarate la haría sufrir.

Aferrado a estas ideas, y revelando cada día mayor apego a la hacienda que él dirigía y manejaba como cosa propia, insistía cada vez más en la vigilancia y aislamiento de su sobrina.

Ella, por su parte, sufría las amarguras y tribulaciones de una mártir. Dotada de una gran sensibilidad moral, de un carácter amoroso y comunicativo, y de un corazón dispuesto a todas las afecciones generosas y tiernas, sentía en aquella soledad una impresión penosísima de vacío, de verdadera asfixia del ánimo, que la sofocaba y abatía.

Como no había recibido educación alguna racional ni la habían enseñado ningún arte, ni siquiera una labor manual que la permitiera distraerse, dar direcciones distintas a su pensamiento, ejercitar con alguna fijeza su atención o dividirla en trabajos y cuidados de varia índole, necesariamente toda su actividad mental había de concentrarse y propender a un solo punto: la exaltación de sus facultades afectivas.

Y todo cuanto allí la rodeaba era extraño a sus simpatías, a sus gustos, a su propia naturaleza de joven impresionable y delicada. El egoísmo, el miedo, la codicia, la suspicacia y la crueldad eran sus únicos compañeros en aquel confinamiento lastimoso. No percibía en torno suyo una sola nota simpática que respondiese al caudal inagotable de ternura acumulada en su corazón, en aquél corazón que parecía haber sido creado expresamente para amar.

A veces buscaba con avidez un niño, un ave, una planta, algo viviente, libre y puro en que emplear sus afectos, sus cariñosos cuidados, algo que pudiera satisfacer de algún modo su anhelo infinito de abrazar y de querer…

Al cabo de algunos años de penosa lucha en aquella situación, tan contraria a las exigencias de su edad y a las inclinaciones de su naturaleza afectiva, la salud de Amalia empezó a quebrantarse visiblemente. Las personas que la asistan notaban en ella una variabilidad de humor, de la que no había dado señales hasta entonces. Tan pronto se mostraba taciturna y silenciosa como vivaracha y locuaz; tras de un acceso de cólera, seguían en ella demostraciones extremadas de afabilidad y de ternura. Quedábase algunas veces como abstraída en una especie de somnolencia y de modorra, y de pronto la dominaba una viveza extraña, revelaba en sus dichos y en sus ideas una extraordinaria lucidez. A veces se sentía dominada por un vago malestar o por una gran tristeza sin motivo, que se trocaba de pronto en explosión de alegría.

Ella, que había sido siempre dulce y sumisa, tenía entonces intermitencias de irascible, voluntariosa, y áspera, llegando no pocas veces a la protesta y al insulto. Hacíase cada día más notable en ella la exaltación de la sensibilidad; sus afectos eran cada día más vehementes, aunque de intensidad menos duradera. Por lo demás, su estado físico no llamaba mucho la atención de las personas que la servían. Ningún dolor agudo la molestaba con insistencias, y sólo sentía de cuando en cuando algún desvanecimiento de la cabeza, flojedad y calambre de corta duración en las rodillas, y ligeras opresiones de la garganta, como si una bola subiera desde el estómago, dificultándole la respiración. Lloraba a veces sin saber por qué, otras veces reía sin motivo, y en su semblante se sucedían también con frecuencia el enrojecimiento y la palidez.

Don Segundo mandó que la visitase el médico, y éste, en vez de recomendar pócimas y unturas, dispuso que procuraran alguna distracción a la joven, que la permitiesen salir y hacer ejercicios al aire libre; que la dejasen comunicar con amigas y amigos de su edad y condición, gente alegre y sana que la alegrase con su jovialidad.

_ ¡Bonita receta se le ha ocurrido esta vez al diantre del médico!_ gruñó don Segundo al enterarse de la prescripción facultativa. _ Nada menos que un jolgorio permanente, una fiesta de todos los días: soltar a la muchacha en la plaza pública o traer a la hacienda media ciudad. ¡Digo… y gente alegre nada menos, amiguitas y aun amiguitos *joviales* por añadidura; diablillos varones también, como si no bastara el enjambre de diablillos con faldas! ¡Canario con la droga del Doctor! Con semejante modo de recetar, ya están divertidos los boticarios… ¿Conque amiguitos, eh?, amiguitos alegres y jaraneros para una muchacha inocente, sin experiencia, sin madre que la dirija y la cuide … ¡Hombre parece mentira que se le ocurran estas cosas descabelladas a un hombre tan formal y tan serio como el Doctor! …

Pero don Segundo, a pesar de sus gruñidos y protestas, sintió no sé qué preludios de enternecimiento al contemplar la desazón creciente de su sobrina, y trató de darla un poco de largura y de gusto en su cautividad, buscando modo de compaginar en lo posible la *receta* facultativa y aquel su criterio particular, con vistas a la honradez y al egoismo. Mando a la servidumbre que averiguase los gustos de la joven enferma, buscó una muchacha blanca para que la sirviese a la vez de criada y de amiga: dispuso que la sacaran con más frecuencia a pasear, y hasta permitió que fuera los domingos a misa, y que mediante las precauciones acostumbradas pudiera hasta recorrer en coche algunas calles de la población.

Algo empezaban a influir en el ánimo y la salud de Amalia estas pequeñas expansiones; pero bien pronto supo el tutor que cierto joven seguía con creciente asiduidad el carruaje de la huérfana, que cambiaba ya con ella saludos muy afectuosos, que habían llegado a decirse algunas palabras, ella desde el coche y él de muy cerca del estribo, y que _ según todas las apariencias_ no eran desagradables a la pupila las tiernas solicitudes del galán.

Este conato de idilio dio desde luego al traste con los nuevos propósitos de don Segundo, cuya ternura incipiente reaccionó en él con la violencia propia de aquél carácter inculto y bronco. Ya no hubo más paseos, más viajes a la ciudad, ni más expansiones del ánimo: la joven volvió a sufrir todas las tristezas y soledades de su confinamiento anterior.

Adquirió entonces la enfermedad de Amalia caracteres más acentuados y alarmantes. Sobrevinieron convulsiones, espasmos y hasta síncopes de muy variable duración. En el transcurso de estos accidentes lanzaba gritos agudos, se le congestionaba el rostro, movíanse sus ojos convulsivamente, crujían sus clientes, se le amorataba la lengua y perdía por momentos la respiración. Después de vencidos estos ataques, quedaba algunas horas en un estado de abatimiento muscular y de somnolencia estertórea.

El insomnio y la hipocondría contribuyeron más tarde a empeorar el estado físico y mental de la joven enferma, y poco después apareció el delirio intermitente y extático. Durante estos nuevos ataques Amalia se sentía como transportada a un mundo ideal, quedábase por largo tiempo inmóvil, silenciosa y como embebecida en una contemplación semejante a la de los ascetas o iluminados. Después hablaba, algunas veces con incoherencia notable, otras con lucidez y viveza extraordinarias, siguiendo y relatando los accidentes del delirio.

Luis..., Luis, el joven que la había dado la mano al bajar del carruaje una mañana, frente a la Iglesia; que la había recogido el pañuelo cuando ella lo dejó caer sin saber cómo, en un instante de dulce y desconocida emoción; que después, al salir, la había saludado tan rendidamente, envolviéndola en una mirada de inefable ternura ... el mismo a quién había visto después, que la seguía con frecuencia, que la hablaba de lejos con aquellos ojos profundos, de mirar firme y expresivo, y con destellos vivísimos que parecían salir del fondo del alma ... que le había dicho amores y ternezas casi furtivamente, deslizando por primera vez en sus oídos palabras de dulce y halagadora harmonía ... Él..., él, estaba allí, se aproximaba a ella, cada vez más enamorado y galán ... ¡Qué arrogante y qué simpático era! ¿Verdad ... ¡Chist ...! ¡Silencio ...! Luis iba a proseguir su plática interrumpida aquella tarde ... ¡Chist! ... ¡Chist!

Y quedaba como por algún tiempo extasiada, en actitud de ver y escuchar algo que la complacía y la interesaba mucho. De repente lanzaba un grito de angustia y sufría convulsiones violentas, y su rostro se contraía y se alteraba con todas las señales características del terror. Después quedaba en una especie de letargo fatigoso, hasta que volvía el delirio; pero éste ya no era el de la contemplación extática ni del diálogo amoroso: referíase a visiones y sensaciones distintas.

Luis había desaparecido súbitamente; y don Segundo, el eterno don

Segundo estaba allí frente a ella, ceñudo y amenazador...

Y Amalia hablaba confusamente de don Segundo, de la hacienda heredada, de los caudales de su padre... Tomaban cuerpo todas estas ideas en la desordenada imaginación de la joven, y se ofrecían a su vista con formas fantásticas, mudables, infinitas, pero representando siempre otros tantos obstáculos que se oponían entre ella y sus esperanzas, sus alegrías, su amor. Y el obstáculo crecía siempre, se agigantaba, mostrándose cada vez más imponente y terrible. De ahí las crisis violentas, los arrebatos de desesperación, los gritos de angustia, y por fin el abatimiento y la atonía, signos crecientes de una creciente desproporción entre las emociones y la voluntad.

Más tarde aquél delirio se fue simplificando en imágenes y en matices, hasta quedarse reducido a las indicaciones de una sola, idea y de un solo color. La joven veía con espanto que todo lo que le rodeaba iba adquiriendo el tinte y los reflejos metálicos del oro, los montes, los árboles, las llanuras, los edificios, todo cuanto alcanzaba a ver desde su encierro le parecía que iba adquiriendo aquél mismo tono. La luz solar, que tan grata influencia había ejercido siempre sobre su ánimo, entraba entonces amenazadora y sofocante por todos los huecos y resquicios de la casa, como torrentes y cataratas de oro fundido, que todo lo inundaban y lo teñían de aquel odiado color. Efecto análogo le producía la luz artificial. Hasta observaba con inquietud que ella misma se contagiaba con el color que tanto aborrecía y el suave y sonrosado matiz de sus mejillas se trocaba en triste amarillez. Aquello era el desbordamiento universal de lo amarillo, el infierno del oro que la envolvía y la estrechaba implacablemente...

En lo más desesperado y violento de este delirio, la joven enferma solía calmarse de pronto, y sus facciones se animaban con una viva expresión de regocijo.

Había descubierto algo puro, agradable, sereno, y libre aún de la mancha terrible que la perseguía. ¡Qué bella y magnífica se ostentaba aquella extensión azul allá en lo alto! Era el cielo... Allí estaba la esperanza, la alegría, el único bien … Desgraciadamente, de todo el rededor de la tierra subían vapores amarillos, audaces, turbulentos, que se retorcían sobre sí mismos formando nubes doradas, y se extendían y se arremolinaban con aspecto amenazador. Quedaba todavía en lo alto un gran espacio de cielo azul puro y luminoso, y hacia allí dirigía con insistencias sus miradas, que huían de la dorada atmósfera que la enloquecía … Pero el espacio azul se iba reduciendo poco a poco; aparecían puntos amarillos y brillante en el azul puro que tanto la deleitaba, y seguía subiendo el vapor dorado de la tierra, hasta que ya no distinguía en lo alto ni en parte alguna más que el oro, el oro implacable que la envolvía y la aterrorizaba con su fatídica y repugnante amarillez …

El doctor Aguirre hizo presente a don Segundo la gravedad que iban adquiriendo los males de su sobrina: insistió en su recomendación de que animaran y distrajeran a la joven por todos los medios posibles, y encareció además la conveniencia de casarla. Subrayó bien esta palabra para dar a entender que lo decía con toda formalidad.

El tío acogió a regañadientes esta nueva y más grave recomendación:

No se explicaba esa manera de curar enfermedades: hablaría con otro médico, sin darse por entendido con Aguirre, que era bueno, pero… nadie estaba libre de una chifladura. Consultaría bien el caso, y si al fin era preciso … ¡qué diantre! se haría el casamiento. ¡El casamiento! ¡Ahí es nada! Y ¿con quién? ¡Había que ver eso con calma! … La sobrina estaba maluca; no había más que verla, tenía los nervios desconcertados, soñaba disparates, y en aquella disposición no era cosa de salir por esos mundos a caza de un novio para un remedio. Ni parecía siquiera decente … Una cosa era recetar y otra preparar la droga ¡canario! ¡Ya quisiera él ver al médico metido en esos belenes … ! Pero, en fin, Amalia era su sobrina, casi su hija; no tenía más amparo que el suyo en el mundo, y él cumpliría su deber. Si el matrimonio era indispensable para la salud de la rapaza, se haría el casamiento aunque él mismo tuviera que cazar el novio a tiros.

Entre tanto la joven empeoraba. Al delirio de palabra había seguido el de acción. Como huyendo de algo que la perseguía, se ocultaba en los rincones y escondites, se rasgaba los vestidos, rompía los objetos frágiles que hallaba a mano, sobre todo los que tenían algún brillo; estropeaba los muebles, y a veces había que sujetarla fuertemente para que no se escapara por las puertas o se lanzara por las ventanas. No tardaron en seguir a estos ataques algunos síntomas de perturbación mental.

Don Segundo entonces se mostró muy apenado, habló al médico con vivo interés, y parecía dispuesto a hacer cuanto fuera necesario para devolver la salud a su sobrina. El nuevo giro que había tomado la enfermedad obligó al médico a hacer esfuerzos especiales para devolver la razón a la enferma; y aconsejó que la trasladasen sin tardanza a la Capital, y aquí consultó el caso con sus compañeros de más fama y trabajó con ellos heroicamente en aquel sentido.

Por desgracia, todos los esfuerzos de la ciencia fueron ya ineficaces. La locura de la joven se fue haciendo cada día más agitada y penosa, y en ella tuvo siempre un papel muy principal aquella implacable inundación de la ola dorada, de la angustiosa y fatídica amarillez … Atormentada sin cesar la joven por esta locura, falleció.

Don Segundo se conmovió de veras con la muerte de su sobrina, y su aflicción, agravada quizá por el remordimiento, se manifestó entonces en un afán de gastar mucho dinero en gloria y memoria de la difunta. Dispuso unas exequias memorables por su pompa y esplendidez; mandó cantar gran número de misas y de responso, y fue él mismo a casa de Furiati para encargarle un panteón de diez mil pesos.

_ Quiero que sea el mejor que se haya traído a Puerto Rico.

_ Sí será,_ dijo el italiano resueltamente._ Dígame de que estilo y forma lo desea.

_ No entiendo bien de esas cosas. Lo dejo todo a la elección de usted, con la condición de que la figura sea tan bella como esta (y le dio una miniatura de Amalia), y que el monumento sea vistoso.

_ ¿Qué color prefiere usted?

_ Cualquiera … menos el amarillo.

Sonrió Furiati, firmaron ambos el contrato, y el artista, allá en Génova, se regocijó de haber hallado ocasión de mandar a Puerto Rico una obra que diese buena idea de su talento y habilidad.

Aún no habían transcurrido seis meses, cuando Furiati recibió una carta de don Segundo, en la que se lamentaba de lo malo de la cosecha, del precio no muy alto del azúcar, y de los recientes rumores de abolición de la esclavitud. Con tal motivo, deseaba que si aún era tiempo de modificar el encargo del monumento lo redujese de modo que sólo costara la mitad de aquella suma. El italiano contestó que no era tiempo ya de rectificar el pedido y que el mausoleo estaba próximo a llegar.

Algunos meses después se destacaba ya esta graciosa obra de arte en la galería principal de la entrada del cementerio.

Tal ha sido, según el relato del Dr. Babel, el origen de ese hermoso monumento, cuyo contemplación habrá hecho exclamar a muchos entusiastas, recordando un pasaje del Tenorio:

> *"¡Magnífica fue, en verdad,*
> *La idea del panteón!"*.

El Retrato de Juan Cintrón

A principios del siglo pasado fue a los Estados Unidos un rico propietario de Yabucoa, pueblo situado en una de las más fértiles vegas de Puerto Rico. Permaneció algunos años en la naciente y ya gran República americana, en la época en que llegaba a su apogeo la fama de George Washington, el gran caudillo y estadista del Nuevo Mundo. Veíase allí por todas partes el retrato de Washington en primorosos grabados sobre acero y cobre, en artísticas miniaturas, tan en boga en aquel tiempo, y en grandes cuadros pintados al óleo por artistas de fama.

El propietario puertorriqueño, que era hombre de buen juicio, participó bien pronto del entusiasmo de los norteamericanos por su glorioso héroe, y al regresar a su país, en víspera de Año Nuevo, nada le pareció mejor ni más propio para traer de regalo a su anciano padre, que un buen retrato del hombre más grande en la guerra, más grande en la paz y más querido de sus conciudadanos.

La llegada del viajero y del retrato se celebró en Yabucoa como un gran acontecimiento, y la magnífica pintura fue puesta en el sitio de honor de la sala, en medio de dos ramos de palma bendita, entretejidos con primor, y coronados por la Santa Cruz.

A cuantas personas visitaban la casa en aquel tiempo se les mostraba con orgullo la noble efigie, y se les refería a grandes rasgos las proezas, méritos y virtudes de George Washington.

Más tarde, el mismo que había traído el retrato resolvió irse a vivir a los Estados Unidos, dominado por los atractivos de aquella nacionalidad libre y grande.

Antes de despedirse contó de nuevo a sus parientes la biografía del héroe americano, y hasta dejó escrito en el revés del lienzo el nombre del original.

Habíase acostumbrado ya el anciano yabucoeño a pronunciar el nombre de Washington con el acento prosódico inglés; pero al morir se llevó consigo la buena y legítima pronunciación de dicho nombre.

Sus hijos leyeron el rótulo, pero como la pronunciación castellana hace agudas las palabras finales de aquella forma, cuando no tienen acento en la sílaba antepenúltima, pronunciaron desde entonces "Washintón".

Andando el tiempo se dividió la familia; hubo con tal motivo reparto de muebles, y en la mudanza se rasgó un poco la tela del retrato. El nuevo dueño remendó como pudo este desperfecto pegándole un parche de cretona por el revés, con el que se cubrió el nombre del original, quedando sólo en la memoria de los herederos del retrato.

En el inventario de la testamentaria, el Notario escribió el nombre como lo pronunciaban los herederos: en vez de Washington puso Guasintón.

Una nueva corruptela separó más tarde esta palabra en dos mitades, como si fueran nombre y apellido, y cambió la s en c, siguiendo un vicio de pronunciación muy frecuente en el país. De este modo, el que resultó ser dueño del cuadro a mediados del siglo XIX, decía que era el retrato de Gua Cintón.

Tuvo el tal heredero, pocos años después, una hija inteligente y avispada; la mandó a estudiar a un colegio de San Juan, y cuando ella regresó a Yabucoa sabía casi tanto como el pueblo entero. Notó con desagrado los defectos de pronunciación de sus vecinos, y empezó a corregirlos por su propia casa.

Al oír que su padre hablaba un día del retrato de Gua Cintón, le interrumpió cariñosamente: _ Papá, no digas así, que te oyen los muchachos, y lo que en tí es descuido o broma se convertirá pronto en vicio general.

_ Y ¿cómo he de decir, hija mía?

_ Pues como Dios manda. Gua no es nombre de cristiano. Falta la n final, y hay que aspirar la primera letra. No se pronuncia Gua, sino Juan, como se lee en el calendario.

_ Puedes creer que no se me había ocurrido eso, pero está bien. Le llamaremos Juan Cintón.

_ Tampoco se pronuncia así el apellido. Falta una r. No es Cintón, sino Cintrón.

_ Lo cierto es que suena mejor así como tu dices: pero ese retrato vino de afuera, y el nombre lo pronunciaban de otro modo.

_ Porque allá no pronuncian bien el castellano.

_ Tienes razón, muchacha. Veo que sabes más que las niguas.

_ Gracias por la comparación.

_ ¡Cintrón, Cintrón!... _ quedó repitiendo el padre, como si recordara un nombre conocido.

_ ¡Ahora caigo! De modo que ese retrato es ...

_ El de Juan Cintrón, que en paz descanse.

_ Y ¿quién era él?

_ Probablemente el abuelo de los Cintrones.

_ ¿De los de aquí?

_ De los mismos. Tal vez sea el Cintrón aquél riquísimo, del siglo pasado, que dicen que fundó el pueblo.

Quedóse el padre sorprendido del talento y penetración de su hija, y exclamó al fin con entusiasmo:

_ ¡Dios te bendiga, muchacha, que has hablado como un libro!

Corrió por el pueblo la noticia, se elogió mucho la perspicacia de la joven, se hicieron sacar y repartir copia del retrato, y todos los vecinos acudieron de nuevo a contemplarle, hallando en él mucha semejanza con individuos de la numerosa familia de los Cintrones.

Era ya popular y famoso en Yabucoa el retrato de Juan Cintrón, fundador del pueblo, cuando llegó de Boston un joven Cintrón, nieto de aquel que a principios del siglo anterior había traído el retrato. Reconoció al instante el busto del gran patriota y pronunció su nombre con veneración; le corrigió la muchacha; insistió él, se deshizo por fin el donoso *quid pro quo,* y se le restituyó al original del retrato su verdadero nombre de "Washington".

Desde entonces, cuando algún vecino de aquella hermosa comarca encuentra en libros o periódicos la estampa del ilustre fundador de la Gran República, suele decir en tono de broma, recordando la equivocación del cuento:

_ Aquí está el retrato de Juan Cintrón.

El Primer Idilio

_ ¡Ah!, Juan, tengo que darte una noticia.

_ Di.

_ Que la niña tiene novio.

_ Pero… ¿y Pascual?

_ No, si no hablo de Julia; es Luisita la...

_ Déjate de bromas, mujer

_ Hablo con formalidad.

_ ¡Pero si es una parvulita, un arrapiezo...!

_ No tanto, Juan.

_ Todavía no ha cumplido los diez años.

_ Bien, pero tú sabes que ahora se vive de prisa y se juega a eso en vez de otros juegos infantiles … Y mira tú, así se entretienen bien y se sofocan menos que jugando a las *cuatro esquinas* y a la *gallina ciega*. Luego el novio no se propasa ni la molesta. Pasea por nuestra calle, se detiene delante de ese balcón, silba de una manera convenida para que ella se asome y le vea, saluda con un gracioso movimiento de cabeza, mira con atención, tose, hace alguna señita disimulada, y cuando me asomo yo, se esconde o desaparece como por encanto.

_ Será algún mequetrefe, algún galán con fajuelo y chichonera, algún don Juan Tenorio con biberón.

_ No, no creas... Es un estudiantito de primer año, que ya maltrata el latín. Usa pantalón corto con tirantes, chaquetita sin cuello, y sombrero de empleita negro y blanco, de esos que se parecen a un plato de arroz con frijoles... Tendrá unos diez años, y usa lentes.

_ ¡Menudo puntapié el que le voy a dar cuando se me ponga a tiro...!

_ No, hombre; sería llamar la atención... Además, él es comedido y discreto. Parece un novio formal... ¡Si vieras cómo fuma!

_ ¡Conque también fuma el muy pillo...!

_ Y tiene un relojito de a diez centavos, de esos que apuntan y no dan, y cuando pasa por ahí cerca, lo mira, como para ver la hora que es.

_ ¿Y Luisa...?

_ Sale al balcón cuando oye el silbido, sigue con la vista al pequeño novio hasta que él llega a la esquina, cambian una mirada y una sonrisita de querubín, y luego...

_ ¿Qué?

_ Nada, Juan; no te enfades. El sigue calle arriba, jugando el trompo o encampanando su capuchino, y ella vuelve a su juego de muñecas, cose dos o tres tiras, adorna su tocado, canta en voz baja, o se sienta a estudiar su lección. A veces se esconde de mí, saca del seno un pequeño lápiz, y escribe en un papel bonito y perfumado: "Querido Enrique..."

_ ¿Cartitas al títere?

_ Sí.

_ ¡Yo le daré cartitas a ella!...

_ No, hombre, no: déjala, que eso la entretiene y hasta la instruye. ¡Cosas de muchachos, al fin! Además, ella no ha de ser menos que otras. ¿Por qué? Mucho más chica y más tonta es la de Paz, y tiene su novio, Nina la de Ramón, también le tiene, y es una criatura que ni hablar sabe: las de Pérez, ahí donde tu las ves, flacuchas, amarillas y desgreñadas, que parecen ánimas en pena, tienen quien las pasee la calle y las haga el oso por el antepecho. Novio tiene también tu ahijada Lila, que empieza a deletrear ahora, y Pepita González tiene uno en el Instituto y otro en la Escuela Profesional.

_ ¡Alabado sea Dios!

II

Mientras hablaban así los padres de Luisita, después de terminado el almuerzo, estaba ella en el gabinete particular de sus amigas de trapo y porcelana, en el santuario infantil de la muñequería, establecido entre dos pies de una cama, un gran canasto de ropa y uno de los ángulos del tocador. Allí medio oculta entre los pliegues y guarniciones del mosquitero, con una gran muñeca en la falda y muchas tiras de diversas telas diseminadas por el rededor, parecía como abstraída en la meditación de algunas de esas cuestiones de indumentaria menuda que suelen preocupar a las niñas cuando tratan de hacer algún vestido a una muñeca, ajustado al último figurín.

Pero no pensaba entonces en estas cosas, o por lo menos no tenía concentrado en ellas todo su pensamiento, ya que en esta primera edad se suelen confundir deliciosamente los afectos y los gustos, el cariño que inspiran las personas con el que inspiran los juguetes. Lo que en aquél instante llamaba la atención de la niña casi tanto como las muñecas y sus vestidos, era una carta, en la cual iba leyendo poco a poco y con cierta dificultad. Decía así:

"Mi querida Luisa: por el hijo de Engracia la cocinera supe que habías recibido la raspadura de maní, pues no compré alegría porque me da dolor de muelas; pero si te gusta más, la buscaré".

"Hoy te pité al pasar y no saliste, más luego volví a pitar, y el que salió fue el perrito del barbero, que por poco me muerde. ¡Llegué a casa lo más triste! Pues Paco el del capitán Martínez, que vive aquí al lado, tiene una novia, y cada vez que él pasa pita y ella sale, y ese muchacho no es mejor que yo. Si tú no quieres que pite, haré otra cosa, o si de ahí se ve bien el balcón de casa haré como Vidal el monaguillo, que cuando quiere que Rita se asome para él pasar por la calle, pone en su cruceta la señal de vapor".

"Yo haré lo mejor que tú quieras; pero asómate, alma mía; que cuando paso y no te asomas, los amigos me hacen burla y me gritan *"soso"*, y yo no le aguanto a nadie. Te digo que un día me voy a comprometer. Sabrás que peleé con aquél muchacho *jincho* de la costa arriba, que anda con Araujo, y que quedó suspenso en el curso anterior. El muy sinvergüenza se dejó decir que se quería contigo, y se alababa de que era tuya una hoja de geranio seca que tenía dentro de la Gramática latina. Yo me volé, y no pude menos de estrujársela en los hocicos. Después salimos desafiados para la Meseta, y si no hubiera sido por un aguacero que cayó y por un guardia que nos miraba, ¡sabe Dios … !"

"El domingo tenemos maroma en casa, y si te dejan venir, verás. Yo tengo un trapecito y hago algunas planchas. La sirena me sale de flor. Pepito hace de payaso con unas medias largas y un gorro blanco, y es una risa dando la vuelta de carnero. Mercedes canta la guaracha que tú sabes, del *Caramelito de miel*. Habrá sangría y horchata de arroz".

_ "Mándame una cinta de las tuyas para marcar la lección, y que tenga bordadas tus iniciales. Esto se usa mucho en las clases, y yo no soy menos que los demás. Si quieres un clavel blanco, manda al *grifito* de Engracia a la cochera, antes de oscurecer. Lo tengo en agua para tí, y también te estoy prendiendo un gancho de rosa".

"Adiós, escríbeme pronto, y asómate cuando yo pase, no seas ingrata; mira que si me das que sentir y me dejas en un feo, soy capaz de perder el curso."

"Tuyo hasta la muerte._ *Enrique*."

(Sigue luego el dibujo de una flecha en forma de escoba y de un corazón en forma de pernil)

III

Cerca de seis meses duró el delicioso remedo de relaciones amorosas, idilio infantil de una pureza inmaculada y de un idealismo ultraplatónico.

El instinto de imitación, tan vivo y poderoso en la infancia, fue sin duda el origen y el móvil, principal de estos tempranos amores, no exentos, sin embargo, de las inquietudes y amarguras que acompañan siempre al amor, aunque sentidas con menos intensidad.

Algunas veces solía entristecerse Enrique, pensando que tenía ciertos motivos de queja y hasta de enfado: Luisa no le contestaba sus cartas a tiempo, no las firmaba nunca más que con un garabatito, y se negaba obstinadamente a mandarle un rizo de su pelo, cuando casi todos los estudiantes de primer año tenían risos y hasta trenzas de sus novias, y había bolsillos y Diccionarios que tenían trazas de almacén de peluquería.

¿Era eso digno? ¿Era justo? ¿Qué motivos tenía ella para no hacer como las demás, y ponerle en evidencia ante toda la clase de latín? Y ¡claro está! por eso sus condiscípulos hacían alarde de rizos delante de él, y se burlaban de sus amores, diciendo con desdén: _ ¡Valiente novia será la tuya, cuando todavía no se le ha visto el pelo!_ Además, él se cansaba de mandar flores a Luisa, y ella muy rara vez se las prendía en el pecho, como era costumbre, en señal de estimación. Una vez había cogido ella un clavel de los que él la había mandado, y lo había prendido en el pecho de una muñeca. ¿No era eso un marcadísimo desaire? Luego aquella obstinación de no salir algunas veces, cuando él pitaba, era para desesperarse. ¿Qué le costaba a ella asomarse, vamos a ver? ¿No se asomaban al balcón las novias de otros estudiantes más chicos y más feos que él, en cuanto los sentían pitar? Cierto que algunos días se asomaba, sobre todo cuando tenía vestido nuevo o estaba peinada de risos, que le sentaban muy bien; pero otras veces no salía, por más que él estuviese largo rato con la boca aguzada, pita que pita, desde la acera de enfrente, haciendo un triste, papel, y expuesto a la burla de los demás novios, o a que saliese algún perro a morderle, como ya se había dado el caso. ¡Esto no estaba en el orden, no, señor…! ¡Pero era tan linda!"

IV

También ella tenía, por su parte, algunas quejas de Enrique, era bueno y complaciente, y le paseaba la calle, y la obsequiaba y la quería, eso sí; pero también le gustaban otras niñas y las saludaba muy zalamero, y eso no estaba bien. Ella misma le había visto una noche en la retreta sonriéndose con una niña más grande que él, y que también tenía novio. El muy taimado se desvanecía. ¡Vaya que sí! Luego esa costumbre de silbar cada vez que pasa por debajo del balcón, resulta muy cursi, muy fea y hasta impropio de personas decentes. La mamá lo había dicho un día en la sala, sin referirse a nadie, y era la verdad. ¿Como no silbaba así el novio de Julia? Las niñas tampoco deben estar a cada momento en el balcón lo mismo que las cotorras. Esto lo había oído ella decir a su mamá y a otras personas de experiencia. Además, no siempre se tenía el traje y el tocado en disposición de salir, y una no ha de asomarse desgarbada y cochambrosa. ¡Pues no faltaba más! Ella era muy señorita, y no había de presentarse en el balcón a cada rato y de cualquier manera, nada más por darle gusto al niño. ¡Y poco *chango* que se ponía él a veces, llevando detrás un tropel de estudiantes, para que vieran que ella le hacía caso!… Pues, no, señor; decididamente aquello la encocoraba y la comprometía. Estaba resuelta a no asomarse todas las veces que él silbara, aunque la costase un disgusto. También había tenido con él un altercado muy serio por lo del rizo. Empeñado en que ella había de cortarse una de la frente, ¡nada menos que de la frente!, para dárselo a él. ¡Y poco tono que se daría él después con el rizo, a costa de ella… No: su rizo estaba mejor sobre la frente donde había nacido, que oliendo a tabaco en el bolsillo de Enrique… Se lo había dicho ya, y lo cumpliría. Con pelo de ella no se iban a divertir los muchachos del Instituto. Lo que había pasado con Nina fue un horror. Le dio a Pepito un mechón de su pelo colorado, y por el color de éste la conoció al día siguiente la clase entera. Ahora la pobre Nina se pasa llorando siempre, porque donde quiera que va le salen con la cantaleta de que tiene un novio al pelo… ¡El de ella se le erizaba sólo de pensar que pudiera sucederle una cosa así!.

V

Fuera de estas leves contrariedades y amarguras, que servían para dar tono y variedad a las relaciones semiamorosas de Luisita y Enrique, librándoles quizás de cierta empalagosa monotonía, todo entre ellos era dulzura, regocijo y tranquilidad. El pensaba en ella más que en los libros, y gozaba mucho en verla, aunque no fuera más que de la calle al balcón. No la visitaba porque… vamos, no se atrevía. La mamá de Luisita era un poco seria, aunque muy buena persona, y el padre era un hombre barbudo y de muy mal genio, al parecer. Enrique era guapo, eso sí; tenía muy buenos puños, y no le *"sacaba el cuerpo"* a ningún muchacho de su edad ¡caramba! Pero una cosa era pelear en la calle, romper la chaqueta, apagar un ojo o desollarle la nariz a un amigo, si a mano viene, y otra muy distinta era entrar y propasarse en casa de la novia, en donde no había siquiera muchachos con quienes jugar, y que sirvieran de pretexto para las visitas. Por eso iba solamente de tarde en tarde, cuando hallaba algún medio adecuado para ocultar sus intenciones, y aún así entraba muy pocas veces sin que le invitasen a ello las personas mayores. Delante de los padres de Luisita se hacía con ella el desconocido y el indiferente, de un modo que daba ganas de reir.

A falta, pues, de trato íntimo y de comunicación directa, el agente más eficaz y activo de que se valían en sus relaciones, era el hijo de Engracia, la cocinera, un Mefistófeles de siete años, con más malicia que ropa, astuto y disimulado como un felino, y dotado de una vivacidad ratonil. El era el que llevaba y traía los papelitos y los recados, quien le contaba a Enrique todo lo que hacía Luisa, y quien traía para ésta las flores, las frutas, los dulces, los juguetes, los negritos de porcelana, las aleluyas, las calcomanías y hasta las mariposas de vivos colores, que el estudiante cogía para su amada en el

Campo del Morro o en el jardincillo del Arsenal.

Luisa era más parca en regalos y en papelitos, más reservada y severa, menos vehemente y comunicativa que su galán. Sólo de tiempo en tiempo le mandaba alguna estampita de la Virgen, alguna hoja aromática para perfumar los libros, alguna labor de estambre, de mostacilla o de papel picado, y cuanto había bautizo de muñeca (fiesta de grato recuerdo, por haber empezado en una de ellas sus amores) le mandaba la *mariquita* o la *gala* en forma de moneda de cobre pendiente de una cinta o pegada a un pedacito de cartón.

Por supuesto que el diablillo del mandadero no hacía estas diligencias de *gratis et amore* y por la bonita cara de los novios. ¡Buen chabito o buen par de botones tenía el novio que aflojarle por cada mandado, y buena golosina tenía que darle la novia para tenerlo a su devoción!

VI

Iba llegando a su término el mes de Junio, y Enrique se prometía pasar muy felizmente la temporada de vacaciones, viviendo sólo para su amor, sin pensar en libros ni en catedráticos, cuando una circunstancia inesperada vino súbitamente a destruir tan agradables propósitos.

A consecuencia de cierto disgustillo originado en uno de los bailes de la fiesta de San Juan, se enfadó Julia con su novio hasta el extremo de romper las relaciones y darle unas *calabazas sanjuaneras*, que fueron muy comentadas en la ciudad. Algo de esto llegó a saber Luisita, y fue lo bastante para que se diera a pensar muy seriamente en el caso. El instinto de imitación, la curiosidad, que es musa inspiradora de las niñas, y tal vez el recuerdo de algún pasado disgusto que se despertaba en su memoria a causa del de su hermana, sugirieron a nuestra heroína una idea tan graciosa como cruel: ¡dar *calabazas* al novio!.

Todo aquél día y el siguiente estuvo la niña preocupada con este motivo. ¡Darle calabazas!

"Lo que es él, las tiene bien merecidas,_ decía Luisita para sí_ Es muy alabancioso y muy *chango*: Enseña mis cartas a sus amigos, y... ¡quién sabe lo que entre todos dirán!

¡Buenas piezas son ellos … ! Pero ¿y él? Es de los peores, de los más malos ¡Díganmelo a mí! Por eso ya no le escribo… No tengo necesidad de que mis cartas anden por los suelos del Instituto, sirviendo de irrisión… Ya lo he dicho y lo repito: letra mía no la vuelve a ver… Pero entonces ¿cómo le desengaño?… No; lo que es para eso hay que escribirle, hay que mandarle una carta, como lo hizo Julia. Pero será la última, y que la enseñe si quiere … ¡*Calabazas!* Lo que más gracia me hace es el nombre. El darlas me entristece un poco; pero no es una mala acción. Ahora Julia parece más contenta que antes de darlas, sale a todas partes y se divierte más. ¡Sí, sí, yo no soy boba: doy *calabazas* también! … "

Después de haberse agitado estas y otras ideas más o menos crueles en el cerebro de aquella criatura angelical, subían algunas dulces notas del corazón a mitigar la fiereza de tales meditaciones; y así fluctuaba indeciso el pensamiento de la pequeña novia, ya inclinándose a las *calabazas* por seguir el ejemplo de Julia y hasta por esa misteriosa tentación llamada fiebre de lo desconocido, ya resistiéndose a causar a Enrique tanta pena, por consideraciones de cariño, de compasión y otros impulsos generosos que ella sentía confusamente, sin poderlos expresar ni definir.

En esta disposición de su espíritu vino a decidirla en favor de las *calabazas* la confidencia de una amiguita suya, a la cual, ¡oh traición! había dirigido Enrique varios requiebros concluyendo por obsequiarla con un clavel rojo, que significaba amor y otras cosas más. ¡Cristo Santo! No bien se había despedido aquella muchacha, cuando Luisita empezó a registrar los armarios y cajones en donde Julia guardaba sus papeles, para ver si hallaba el borrador de la carta de *desengaño*, y tales trazas se dio en buscarla que dio con ella al instante, y dos horas después ya la había copiado punto por punto, variando solamente los nombres propios y alguna que otra expresión.

_ ¡Aja! _ decía la niña, doblando el tremendo papel_ ya esto se acabó! La letra no salió buena, porque estoy nerviosa, pero se entiende. ¡Que se fastidie, y que aprenda a tener… lo que tiene la gente! ¡Conmigo no se puede jugar!

Y el hijo de Engracia fue el conductor de la fatal misiva, mediante la gratificación de un muñeco de *"dulce en palito"*.

VII

Aquella misma tarde pasó Enrique por delante de la casa de su exnovia. Iba en compañía de varios amigos, quienes miraron atentamente a la niña, que desde el balcón se hacía la disimulada. El no la miró. Andaba con paso precipitado y desigual, tenía el cabello en desorden, el semblante casi rojo, y el sombrero apabullado.

Ella sintió de pronto como una congoja extraña, un malestar desconocido, una cosa que… vamos, no sabía explicarlo, y por sus frescas mejillas se deslizaron dos lágrimas que a ella le parecieron más amargas y más ardientes que las que brotaban de sus ojos cuando sentía algún otro pesar. Después… se fue serenando, poco a poco, hasta adquirir de nuevo toda su viveza y alegría.

En cuanto a él, cumplió su palabra de caballero… o de estudiante desaplicado. A los pocos días hubo exámenes, obtuvo malas notas y… perdió el curso.

Sus condiscípulos le mortificaron duramente algún tiempo, haciéndole señas de que había recibido *calabazas* por partida doble.

LAS PÍLDORAS DE MURCIA

Hacia el segundo tercio del siglo XIX vivía en Puerto Rico un hombre, llamado Murcia, no sé si de apellido, o porque era natural de la provincia española del mismo nombre. Había servido en el ejército en calidad de sanitario o enfermero de un Hospital Militar, y estaba, por consiguiente, familiarizado con el tratamiento de ciertas enfermedades.

Era perspicaz y activo, tenía fama de simpático y decidor, y pasaba por hombre muy versado en la ciencia médica, gracias a la habilidad que desplegaba en la asistencia de un enfermo, y a la gran colección de palabras técnicas que empleaba cuando hablaba de enfermedades. El mismo solía fomentar esa fama, contando que había sido estudiante de Medicina por espacio de cinco años, y que no había logrado terminar su carrera, por haberse enamorado locamente de una muchacha de su tierra, por la cual muchacha se distrajo de sus estudios hasta que cayó soldado y tuvo que cargar con el chopo. Contaba Murcia esta fábula con tal colorido y tales visos de sinceridad, que los campesinos embobados solían exclamar a la terminación del cuento _ ¡Pícara muchacha, y qué gran *dotol* nos ha robado con el *aquel* de sus amoríos!...

_ No se ha perdido todo_ contestaba Murcia modestamente _ y en prueba de ello ahí están los milagros de mis píldoras, que no me dejarán mentir.

_ ¡Y dígalo, don *Mulsia*!_ decían a coro los demás oyentes, cada uno de los cuales salía del corrillo alabando por todas partes, con gran entusiasmo, las píldoras y la ciencia del avispado levantino.

A tal punto llegó su fama, que llenó con ella durante medio siglo las campiñas y *seborucos* del país, y hasta pasó a la historia popular en forma de proverbio. Todavía hoy, cuando se reúnen muchos doctores en torno de algún enfermo muy pálido, muy flaco y profundamente decaído, suelen decir las gentes por lo bajo, haciendo un signo de compasión: _ ¡Hum! ¡A ese no lo cura Murcia!

La Sobriedad en el comer, que se considera en todas partes como una virtud y como una excelente medida higiénica, llegó a ser entre nuestros campesinos, desde los tiempos de la conquista, y quizás entre los mismos pobladores aborígenes de esta tierra, una seria dificultad.

El clima, aunque debilitante, suele ser aquí de tal manera bonachón para con nuestros campesinos, que no los molesta ni los apremia de firme con apetitos imperiosos. Por cada arruga de la cordillera o de sus estribaciones, baja cantando la *Borinquen* un arroyuelo de agua potable, y en frutas que cuelgan y caen durante todo el año hay cantidad suficiente de azúcar o de fécula para "entretenerles" el apetito, y pulpa bastante para dar algún trabajo a sus estómagos, por vía de distracción. Si luego esta viscera exigente da indicios de querer algo sólido, se echa mano al *mocho*, se escarba la tierra al mismo pie del hogar, y no tardará en salir una batata u otro tubérculo alimenticio. Los alrededores de nuestras casas rústicas suelen ser pródigamente *tuberculosos*.

Cuando por algún fenómeno atávico se siente el jíbaro un poco sibarita y el paladar le pide regalo, añade a la batata algún arenque o un trozo de bacalao si a mano viene (que no vendrá con frecuencia), y si logra rociar estos manjares con algún trago de café *puya* y echar encima una mascadura de tabaco, se ríe él del festín de Baltasar, de los banquetes de *Sardanápalo de Brillant Savarín*. Con este régimen inveterado de alimentación tenía que venir ese estado de miseria fisiológica tan común en nuestros campesinos, y que sobre ser de por sí una enfermedad de consideración, da origen a otras muchas enfermedades.

Murcia recorrió el país, notó aquel vicio y sus consecuencias, y se propuso aprovecharse de él para adquirir dinero y fama. Inventó unas píldoras, y formuló el régimen alimenticio que debía adoptarse para que ellas produjeran el efecto deseado. Puso al servicio de su plan el miedo mismo de los enfermos. Les dijo con gran seriedad que la materia de que estaban compuestas las píldoras obraba con tal energía en el organismo, que si éste no se tonificaba gradualmente antes de tomarlas, y si no se alimentaba bien durante la medicación, podían sobrevenirle grandes daños. Dio conferencias explicando de qué modo habían de prepararse los enfermos antes de tomar sus píldoras, y el régimen que debían de adoptar mientras las estuviesen tomando. Gracias a estos preceptos, (a los que Murcia solía comunicar todas las energías de la amenaza) el arroz, la gallina, la leche, los huevos y la carne fresca empezaron a reemplazar a las salazones corrompidas en la alimentación de los clientes del curandero, y el éxito no se hizo esperar. Los jíbaros sometidos al nuevo tratamiento no sólo enriquecían sus músculos y adquirían fuerza y actividad a los pocos meses, sino que también adquiría su semblante mayor animación y mejor color.

Un guasón de esos que tanto abundan aquí, y que exageran graciosamente sus dichos, asegura que al año de haber empezado Murcia sus funciones curativas por esos campos, se podían distinguir los sitios por donde había pasado el astuto curandero, con sólo mirar los semblantes de la gente; y añadía que era fácil ir formando un *Mapa Murcia*, en el que se indicaran con tinta encarnada los lugares recorridos por nuestro héroe con su maravilloso específico.

Últimamente ya no se tomaba el trabajo de peregrinar en busca de sus enfermos: ellos acudían por centenares a casa del famoso *dotol*, y cuando no podían asistir personalmente al consultorio, le enviaban sus *aguas* en un pequeño frasco. Esto parece que bastaba para que Murcia se diese por enterado de lo que cada enfermo padecía, y le *recetase* las píldoras correspondientes.

No se sabe de cierto si Murcia llegó a enriquecerse, o si perdiendo sus ganancias al juego del monte, al que tuvo siempre gran afición. Sólo hay noticia de que vivió muchos años, y que solía practicar por sí mismo el régimen alimenticio que aconsejaba a sus clientes. Cuando murió fue muy llorado entre los campesinos del país, y se consideró como una desgracia el que no hubiese dejado la fórmula de sus píldoras.

Un químico francés, qua a la sazón viajaba por las Antillas, recibió el encargo de analizar aquellas famosas *pelotitas*, y declaró ante el país estupefacto que sólo contenían masa de pan.

Entonces se cayó en la cuenta de que todo el éxito de Murcia se fundaba en el alimento que hacía tomar a sus pacientes campesinos, y éstos se llamaron a engaño.

No obstante la salud, la fuerza y el buen color que habían recobrado, les dolió la superchería y tomaron la revancha volviendo a su primitiva alimentación de salazones y de tubérculos demasiado acuosos.

Desde entonces muestran gran aversión a las medicinas, sobre todo a las sólidas y redondeadas, que es necesario tragar enteras. Apechugan en casos de apuro con cualquiera pócima; pero se resisten a las píldoras, aunque sean doradas.

Recordando la ingeniosa treta del curandero Murcia, sospechan que toda píldora es una bola, es decir, una falsedad.

La Garita del Diablo

I

En el costado Norte del castillo de San Cristóbal, y formando parte de la roca sobre la cual se eleva el macizo y formidable muro, hay un pequeño cabo ó promontorio que penetra en el mar como a distancia de cincuenta pasos, a cuyo extremo se ve una garita de aspecto ruinoso y sombrío.

Las olas que se agitan allí violentamente formando caprichosas cascadas entre los arrecifes de la orilla, azotan sin cesar los costados del estrecho promontorio, como luchando y revolviéndose airadas contra aquel brazo de piedra eternamente extendido sobre el mar.

Cuando arrecian los vientos del Norte, y el Océano se encrespa y ruge más de lo acostumbrado en aquella parte de la costa, hay ocasiones en que la garita desaparece un momento, entre la nube que levantan las olas al estrellarse contra el peñasco donde aquella se encuentra cimentada; pero bien pronto vuelve a descollar sobre la bruma la negruzca bóveda de la garita, como la enorme cimera de un gigante medio sumergido entre las agitadas ondas.

Esta garita, cuya costosa y sólida construcción data de hace más de un siglo, se encuentra hoy completamente abandonada, y la tradición popular cuenta cosas muy peregrinas acerca de ella, designándola con el siniestro nombre de la *garita del diablo*.

II

Hé aquí, en resumen, la parte más sustancial de la conseja:

A causa de los repetidos ataques de embarcaciones extranjeras contra este y otros varios puertos de la Isla, pidieron con insistencia y obtuvieron por fin sus gobernadores la real autorización para fortificar las plazas más importantes.

Siendo ésta la principal de todas, se dio comienzo en ella a la construcción del castillo del Morro y de otros varios fuertes, baluartes y baterías.

A mediados del siglo anterior, época en que principiaron las obras de fortificación en San Cristóbal y sus cercanías, se aprovechó la favorable disposición del peñasco ya descrito, para construir en él una especie de atalaya desde la cual pudiera vigilarse por la noche toda aquella parte del mar.

Un centinela perteneciente a la guardia interior del castillo tenía a su cargo esta vigilancia, y cada dos horas bajaban a relevarle por una galería subterránea que desemboca al pie del muro.

No declara la tradición por cuánto tiempo fue desempeñado sin tropiezo ni accidente alguno desagradable este servicio militar: sólo dice que una noche, al ir el cabo de guardia con el soldado que había de relevar al centinela, notaron que éste no se encontraba en su puesto. La garita estaba desierta, así como el pasadizo aislado y estrecho que hacia ella conducía.

Llamaron, dieron gritos, esperaron durante algún tiempo, y por último subieron en busca de algunas linternas y bajaron a registrar después inútilmente todos los parajes de por allí.

El centinela había desaparecido.

Gran sensación produjo esta noticia en toda la ciudad, y hasta entre la misma tropa se llegó a mirar con algún recelo la garita mencionada.

Transcurrido algún tiempo, y cuando ya se iba olvidando aquella lastimosa y súbita desaparición, otra nueva y en idénticas circunstancias vino a ocasionar nuevos temores y a servir de asunto a infinidad de comentarios. Esta vez se había encontrado el fusil, nada más que el fusil, dentro de la garita. El centinela había desaparecido como el anterior.

Ni el más leve indicio de lucha ni de violencia se advertía en aquellas inmediaciones. Las fieras del mar no alcanzaban a la garita, ni se podían comer a los soldados enteros, con gorra, cartuchera y todo: esto era absurdo.

Según la version popular más admitida, el mismo diablo en persona debió haber tomado parte en tan extraño escamoteo. Y vino luego a confirmar esta creencia la misteriosa desaparición de dos ó tres centinelas más.

Desde entonces la guardia de San Cristóbal dejó de poner centinelas en aquel sitio; se cerró a cal y canto la puerta de la subterránea galería que por allí desembocaba, y la *garita del diablo* quedó sola y vacía como el cadáver de un réprobo abandonado a los embates del mar y a las maldiciones de la tierra.

III

Una de las muchas veces que oí en una tertulia de campesinos la narración tradicional de la *garita del diablo*, se hallaba cerca de mí un viejecito de humilde porte, de semblante alegre y de mirada viva y sagaz, que por momentos apretaba y contraía los labios como para contener una sonrisa de burlona incredulidad.

Chocóme desde luego el singular contraste que ofrecían la tranquilidad un tanto desdeñosa del viejecito, con la inquietud, la emoción y hasta el espanto que se revelaba en las fisonomías y las actitudes de los demás oyentes. Algunas palabras que le oí pronunciar después a manera de comentario a cierto pasaje del cuento, y la opinión que expuso al final sobre la reserva con que debían acogerse ciertas narraciones, exageradas por la supersticiosa fantasía del pueblo, me afirmaron en la sospecha de que aquel anciano sabía algo más de lo dicho respecto de los sucesos misteriosos de la *garita del diablo*.

No tardé mucho tiempo en hallar una ocasión oportuna para interrogarle sobre este punto, y después de algunas reservas y precauciones que creyó indispensables para su seguridad individual, se expresó del modo siguiente:

IV

"Servía yo, hace más de cuarenta años, en el batallón Fijo de tropa veterana, acuartelado en San Cristóbal, y había hecho ya varias veces el servicio de centinela nocturno en la que nosotros llamábamos entonces garita del mar.

No era, en verdad, muy apetecible que digamos pasar dos largas horas en aquel sitio solitario, envuelto en las tinieblas de la noche, rodeado de escandalosos marullos y combatido sin cesar por un viento más húmedo que frío, y sutil y penetrante como la lengua de un calumniador.

Una noche (la recuerdo como si hubiera pasado ayer) me tocó en turno la vigilancia del lugar citado, desde las once a la una. El tiempo estaba lluvioso y el ruido del mar se oía más fuerte que de costumbre desde la plaza del castillo. De buena gana hubiera dado la mitad de las *sobras* de aquel mes, por librarme de tan molesto servicio.

Llegada la hora, bajé con el cabo de guardia por la angosta y húmeda galería que conduce hasta la orilla del mar. Al abrir la puerta, un golpe de aire con agua nos azotó el rostro.

El cabo lanzó una interjección poco decente y continuó su camino hacia la garita. Pronto se ejecutaron las ceremonias del relevo, y quedé sólo y expuesto a las inclemencias de aquel sitio.

Pasó un cuarto de hora, que me pareció sumamente largo.

_ ¡*Centinela alerta!* _ gritaron desde lo alto del castillo. Y la voz llegó a mis oídos débil y entrecortada por la fuerza del viento y por el ruido de las olas.

Contesté como de costumbre, y seguí paseando lentamente desde el muro a la garita y vice-versa.

Aquella monotonía, aquella soledad y sobre todo aquel aire húmedo que penetraba hasta los huesos, me iban haciendo insoportable el servicio. ¡Y todavía faltaban siete cuartos de hora!

El centinela no puede sentarse ni fumar, y esto último sobre todo era un gran martirio para mí. Yo tenía dos cigarros de boliche que había comprado poco antes en la cantina, para fumarlos después que me relevaran, y a cada paso que daba se movían en el holgado bolsillo de mi blusa, mostrándose ante mis ojos las dos agudas perillas como aguijones constantes del deseo.

Nunca le había sentido más vivo y tenaz; no recuerdo haber luchado nunca con una tentación más apremiante. La hora, el mal tiempo, la prohibición misma … todo me incitaba a fumar con una avidez irresistible.

Jamás breva cubana de las más exquisitas y tentadoras, había sido apetecida con más ansia que aquellas memorables tagarninas.

No sé cuántas veces se dirigió mi mano hacia el bolsillo, como llevada por un extraño resorte, y la volví a retirar luego recordando la rigurosa prohibición de la Ordenanza.

Por fin cedí a la tentación, en auxilio de la cual vino un aguacero que me obligó a refugiarme en la garita. Una vez en ella, y seguro de que nadie me podía ver, dejé el fusil a un lado, requerí el yesquero, llevé á la boca uno de los cigarros y golpee con violencia el pedernal.

Una oleada importuna vino a chocar en aquel momento contra la base de la garita, y un chorro de agua salada que penetró por la tronera vino a caer sobre los chismes de sacar fuego, dejándolos inservibles por aquella vez.

No hay para que decir que este fracaso me produjo una gran desazón.

Salí de allí medio ciego de ira, y empecé a pasearme precipitadamente con las manos en los bolsillos. Me había olvidado del fusil y hasta de la

Ordenanza.

Poco a poco me fui refrescando (la noche no era para menos) y lo primero que noté al recobrar la calma fue el cigarro de boliche que seguía fuertemente oprimido entre mis lábios.

Acrecentado el deseo con la contrariedad, se avivó más aun con la presencia del *cuerpo del delito*, y el gusto de echar siquiera un par de fumadas era en aquel momento mi principal aspiración.

Seguí paseándome, cada vez más atormentado por la vehemencia del deseo, y de pronto se fijó mi vista en la luz más inmediata, si no era la única que se distinguía por aquellos alrededores. Brillaba hacia el oeste de la garita, en una de las casuchas ó bohíos que por aquella época había diseminados en las inmediaciones del matadero.

Después de recordar aproximadamente la distancia, calculé que se podía ir á donde estaba la luz en poco más de cinco minutos.

Pocas veces he sido tan activo para poner en práctica un pensamiento, como lo fui entonces aguijoneado por el deseo tentador.

Algunos segundos después de haber formado el cálculo de la distancia consabida, ya me había descolgado por la orilla del muro y caminaba cautelosamente en dirección al arrabal inmediato.

_ ¡*Centinela alerta!* _ volvieron a gritar en este instante desde lo alto del castillo.

_ ¡A buena hora mangas verdes! _ dije para mí, apresurando el paso y oprimiendo el boliche entre los dientes, con una ansiedad digna por cierto de mejor cigarro.

Llegué por fin al anhelado lugar. Era un ventorrillo de pobre apariencia, en el cual había estado yo alguna otra vez.

Pedí una copa de aguardiente, y me abalancé sin cumplidos hacia el grosero mechón que ardía en el centro de la estancia.

¡Qué sabrosas me parecieron las primeras fumadas de aquel cigarro fementido!

Tal era mi aturdimiento al entrar, que ni siquiera advertí la concurrencia de gente que invadía los departamentos contiguos é interiores de la tienda. El amo de ella celebraba el bautizo de una niña.

Un repique de vihuela y *güiro* anunció en aquel instante el principio de uno de esos deliciosos *jaleos* del país, llamado *merengue* sin duda por analogía.

Miré instintivamente hacia el lado de la garita. Todas las sombras de la noche parecían haberse amontonado sobre aquel lugar.

La obligación me llamaba, sin embargo, y era preciso volver al abandonado puesto.

Me asomé a una de las puertas que daban a la sala del baile, para satisfacer mi curiosidad de mozo antes de irme.

Yo no sé si el estado de mi espíritu, la excitación del aguardiente ó la fuerza del contraste entre la negra soledad de la garita y el bullicioso cuadro que se presentaba ante mis ojos, ó quizá todas estas circunstancias juntas, ejercieron en mis sentidos tan agradable fascinación. Lo cierto es que me sentí como transportado a un mundo ideal, a un paraíso de deleites.

¡Qué chicas, Dios poderoso … !

(Y al decir esto el narrador juntaba las manos, animábase visiblemente su fisonomía, y sus ojos brillaban por instantes como encendidos por una chispa de galvanizada concupiscencia.)

Había entre todas una del color de las gitanillas de mi tierra, _ porque aquí donde usted me ve soy de Triana, _ había, digo, una trigueñita de ojos de fuego que era *toa sal*, como se dice en Andalucía.

¡Aquél cuerpo, y aquél aire, y aquél …. qué se yo! Perdone usted que me entretenga en detalles pueriles que no vienen al caso, pero que no he podido nunca olvidar.

Maldije el servicio y la guardia que me impedían permanecer en aquel sitio; pero era necesario volver y volví…

Digo, llegué con heroica resolución hasta la puerta de la tienda, y bien sabe Dios que hubiera seguido a no ser por un fuerte aguacero que caía en aquel instante, sonando como una granizada sobre el techo de yaguas del ventorrillo.

Bendije en mi interior el agua que venía tan oportunamente a proporcionarme algunos minutos más de placer. Porque entonces más que nunca se me ocurrió pensar en lo peligroso que sería exponerme, acalorado como estaba, a los rigores de un aguacero.

Por otra parte, según mis cálculos serían poco más de las doce; tenía tiempo de sobra para volver a la garita, y no había cuidado de que a tal hora y con aquél tiempo se asomase por allí ninguno de los jefes de la guardia.

Haciéndome estas consoladoras reflexiones, llegué de nuevo hasta el salón de baile, situándome resueltamente al lado de la encantadora trigueña. La disparé algunos requiebros a quema ropa y ella correspondió llamándome atrevido, *sangri-gordo* y no sé cuantas cosas más, pero sin mostrarse enfadada ni dar señales de menosprecio ni esquivez.

Entonces la hablé con más formalidad y respeto, me esforcé en describir todas sus gracias, dije que estaba muerto por ella y que sólo me faltaban cuatro meses para cumplir [cuando la verdad era que me faltaban cuatro años], y otra porción de tonterías que no hay para qué recordar.

Llegaba yo a lo más apasionado y patético de mi discurso, cuando oí clara y distintamente el sonido de una campana. ¡Era la del castillo que anunciaba la hora de mi relevo!

Me quedé un instante como alelado y confuso, y salí después, sin despedirme, siguiendo apresuradamente el camino en dirección a la garita.

Cuando llegué como a cien pasos de distancia, ya el cabo y el compañero que había de sustituirme andaban con linternas encendidas buscándome por aquellos alrededores.

El tiempo se me había pasado sin sentir, y yo había incurrido en la más tremenda de las responsabilidades.

La Ordenanza militar dispone que sea pasado por las armas todo centinela que abandone su puesto.

La pena es rigurosa y excesiva, particularmente en tiempo de paz y con las circunstancias atenuantes de la hora, el tiempo, el lugar y hasta la oleada importuna que me humedeció los chismes de sacar fuego. ¡Maldito cigarro…!

Pero la Ordenanza me señalaba ya como reo de muerte, y en aquel tiempo se aplicaba la Ordenanza (sobre todo a los soldados) con inflexible severidad.

No debía, pues, forjarme ilusiones acerca de mi situación, ni era prudente desperdiciar el tiempo. Antes de amanecer debía encontrarme fuera de la ciudad y en parte donde pudiera sustraerme a las pesquisas que se hicieran en mi busca.

Tomé, pues, la firme resolución de defender mi vida, y emprendí la marcha favorecido por las tinieblas de la noche.

Cuando pasé por junto al ventorrillo, acababan de salir las gentes del baile y se iban diseminando en dirección a varias callejas del antiguo Ballajá.

Allí, en un grupo de bulliciosas compañeras, tal vez refiriéndoles las aventuras del soldado requebrador y *sangri-gordo*, iba ella, la linda cuarterona de ojos de fuego, la que _ después del malhadado boliche _ había sido la causa involuntaria de mi perdición.

Aquella misma noche llegué rendido de fatiga a la playa de *Palo-Seco*, en un pequeño bote que encontré atado en en el lugar que hoy ocupa la *Carbonera*.

Después … sería muy largo de contar. Vine a este barrio, pedí posada y amparo a un pobre campesino que me cedió el mejor lugar de su choza y el mejor plato de su mesa, tomé parte en sus trabajos y me habitué a sus costumbres, adquirí luego algunas tierras, hice un bohío, fundé una familia y héme aquí convertido en un *jíbaro* neto, en un *aplatanado* andaluz.

Poco después de mi llegada a este sitio, ya circulaba la noticia de que el diablo había hecho de las suyas en la ciudad, llevándose a un centinela en cuerpo y alma, sin dejar de él más que un pedazo de yesca y el fusil.

Por eso yo me sonrío a veces cuando oigo que atribuyen al diablo mi desaparición de la garita, cuando la verdad es que él no tomó parte ninguna en el asunto, a menos que no fuera obra suya la tentación del boliche y el hechizo de la encantadora trigueña de *Ballajá*.

Y tal como me lo contó el viejecito, que descansa ya en el seno de la madre tierra, lo agrego aquí como apéndice ó complemento de lo que dice la tradición acerca de la *garita del diablo*.

El Pozo de la Gallina
TRADICIÓN PUERTORRIQUEÑA

Muchos vecinos de San Juan recuerdan todavía este pozo, que estaba tras de la batería y muralla de Santiago, cerca del sitio que ocupa hoy la casilla de los retratos económicos. En los últimos años que precedieron al derribo de las murallas estaba el tal pozo casi obstruido con piedras y escombros; pero en la primera mitad del siglo XIX todavía prestaba servicio de importancia durante las temporadas de gran sequía. Era su agua un tantillo salobre; más aun así la bebían con avidez los vecinos pobres de la ciudad y de la Marina. Desde la puerta de Santiago se distinguía su brocal obscuro y carcomido, destacándose allá bajo sobre la menuda hierba del foso.

Cuando fueron demolidas la batería y la muralla por aquel sitio, desapareció completamente el pozo de la gallina; pero su nombre ha quedado en la memoria de estos vecinos unido a una tradición popular.

Cuentan que a mediados del siglo anterior, en un pequeño y miserable bohío cerca del antiguo muelle del puerto de San Juan, vivía un sujeto llamado Antolín Barroso, aunque era más generalmente conocido en la población por el apodo de *Rastrillo*. Gozaba fama de hombre diestro en toda clase de hurtos y raterías. Era *Licenciado de la Puntilla*, institución correccional entre cárcel y presidio, que estaba situada cerca de donde está hoy la carbonera del Arsenal; y aunque Barroso no se había corregido allí de sus inclinaciones de tomar lo ajeno, hacíalo con mucho arte y disimulo, a fin de evitar en lo posible nuevas relaciones con la policía y las justicia. El muelle, el antiguo tinglado, y los viejos barrones de madera, que en aquel tiempo servían de almacenes de la Marina, eran campo casi siempre fecundo para tales ejercicios de merodeo, y el héroe de esta leyenda había adquirido en ellos una destreza extraordinaria. No tenía predilección por una u otra forma de hurto, ni por la adquisición furtiva de objetos determinados. Todos los que tuvieran algún valor ó fuesen fáciles de convertir en dinero o en substancias alimenticias, eran declarados por él buena presa y puestos a buen recaudo. A esta especie de *ecleticismo profesional,* que le inducía a transigir y arrasar con todo lo que cayese entre sus uñas, debía probablemente el apodo de *Rastrillo,* por el cual tenía ya casi olvidado su verdadero nombre de pila.

Una madrugada en que nuestro personaje había recorrido sin provecho todos los sitios de la Marina que él tenía por más favorables para su habitual merodeo, atravesó sigilosamente por el cuerpo de guardia que había entonces en la Puerta de San Justo, y subió calle arriba hasta la de Norzagaray, sin haber encontrado cosa alguna en que ejercer su habilidad acostumbrada. La ciudad estaba como muerta, y los escasos mecheros del alumbrado público titilaban aquí y allá, como tratando en vano de vencer a las tinieblas. Miró *Rastrillo* en todas direcciones, e hizo una expresiva mueca de disgusto. Torció después en dirección a San Cristóbal, pasó por detrás del polvorín, descendió luego hasta la puerta de Santiago, y salió de la ciudad siguiendo el camino de Puerta de Tierra.

Empezaban a llegar los campesinos con frutos y verduras para el Mercado; pero *Rastrillo* cruzaba por entre ellos desdeñosamente, poco seguro de poderles tomar algo de provecho. Siguió adelante con aire displicente y distraído, pensando tal vez en la mala ventura de sus diligencias, y se detuvo entre aquellos dos pilares de mampostería que aún se conservan, y que servían entonces para indicar el punto de partida de las carreras de caballos. Lanzó desde allí una mirada de lince a lo largo de la carretera, y ya se disponía a regresar a la Marina, su centro habitual de operaciones, cuando vio venir apresuradamente un muchacho con una gallina.

_ ¿La vendes? _ preguntóle *Rastrillo* cuando estuvo cerca de él.

_ Sí, señor.

_ ¿Cuánto quieres por ella?

_ Cinco reales.

_ Es mucho.

_ Tómele el peso_ dijo el muchacho con cierto aire de orgullo, poniendo la gallina entre las manos pecadoras de *Rastrillo*.

Este la tomó y la movió varias veces, como admirado de la gordura del ave. Después añadió:

_ ¿Quieres tres reales por ella?

_ Déme cuatro, señor. La traigo a vender por necesidad. Mamá está muy mala, y vengo por medicinas. ¡Sólo así venderíamos a *Mora*, que es la alegría de casa...!

_ ¿De dónde eres?

_ De Cangrejos.

_ ¿No la das en los tres?

_ No puedo, señor.

_ Pues ven conmigo.

Había ideado un medio ingenioso de apropiarse la gallina sin escándalo ni peligro. A cincuenta pasos de allí estaba el *Abanico*, complicada combinación de fosos, reductos, trincheras, baluartes y parapetos en forma laberíntica, donde suelen extraviarse hasta las personas más expertas si no la han reconocido y estudiado antes con atención, y hacia allí condujo al muchacho, con el propósito de dejarle perdido, sin la gallina, en aquel ingenioso Dédalo de estrategia militar. Díjole que era plantón de San Cristóbal, y que tenía su vivienda en una de las bóvedas de por allí.

Rastrillo iba delante con la gallina, y el muchacho le seguía de cerca. Así llegaron a la primera curva del *Abanico*. Quería darle esquinanazo en una de aquellas revueltas y escurrirse luego hasta el foso de la muralla; pero el muchacho era listo y le seguía por todas partes como una sombra. Ya fuese porque le avivara el noble deseo de no volver sin las medicinas para su madre enferma, o por que no le era desconocido el laberinto aquél, lo cierto era que el muchacho no se perdía, y *Rastrillo* no encontraba modo de despistarle. Cuantas veces trató de adelantarse algo para esconderse de pronto en una inesperada revuelta, otras tantas sintió más cerca de sí el roce y menudeo de los descalzos pies del muchacho. ¡Había algo de singular y de fantástico en aquella excursión de dos personas a todo correr, en medio de la obscuridad y del silencio, por entre las circunvoluciones laberínticas del *Abanico*!

Viendo *Rastrillo* que no era cosa fácil desprenderse de su tenaz seguidor, y que no tardaría ya mucho el amanecer, resolvió bajar al foso y dar otro giro al asunto de la gallina. Le había halagado tanto la idea de apropiársela, y de tal modo la iba ya saboreando mentalmente, que no podía resignarse a devolverla.

Descendió, pues, seguido del inevitable muchacho; pasaron por debajo del puente levadizo y se deslizaron foso abajo hasta llagar junto al pozo. Entonces *Rastrillo* le dijo a aquél:

_ Aguárdame aquí un instante, que voy por el dinero.

_ Pues déjeme la gallina.

_ ¿Tienes desconfianza?.

_ Tengo necesidad_ dijo el muchacho con tono resuelto.

_ Pues me la llevaré de todos modos_ añadió *Rastrillo*.

El muchacho le miró con expresión de angustia y de espanto; hizo después un gesto como para llorar, y se colgó, por fin, del brazo izquierdo de *Rastrillo*, en cuya mano tenía sujeta en alto la gallina.

_ ¡Démela usted, por su madre!

_ No la tengo.

_ Pues por la mía, señor, que se muere si no vuelvo pronto...

_ ¡Calla y lárgate!

_ ¡Démela, por Dios! ¡Se lo pido de rodillas!_ gritó el muchacho.

Rastrillo le tapó la boca, temeroso de que oyeran los gritos en el cuerpo de guardia; pero como el chico gritaba y forcejeaba bravamente, puso la gallina en el suelo, pisó con un pié la cuerda con que estaba atada, y se dispuso a luchar con él para imponerle silencio. Trató de taparle nuevamente la boca con la mano, y el muchacho se la mordió. Dióle algunos golpes en el rostro y en la cabeza con el propósito de dejarle aturdido, mientras él ganaba la salida del foso por el lado de la Marina; más viendo que el valiente muchacho se defendía y gritaba con mayor fuerza, tuvo miedo de que acudiesen algunos soldados de la guardia vecina y le prendiesen. Le inspiraba horror la Puntilla con sus cabos de vara, sus uniformes de coleta cruda y su severísima reclusión.

_ ¡Ay, mi madre, mi pobre madre enferma!_ gritaba tristemente el pobre muchacho.

_ ¡Calla o te ahogo!_ gruñía *Rastrillo* con voz sorda.

_ ¡Caridad, caridad por Dios!

_ Te estrangulo si das otro grito.

_ ¡Socooo...!

No pudo articular por completo la palabra, porque *Rastrillo* le apretaba la garganta con ambas manos. Forcejó el muchacho vigorosamente; apretó más y más aquél, en el enardecimiento del miedo, y en esta brega permanecieron algunos instantes, hasta que los gritos del muchacho se convirtieron en estertor.

Horrorizado al oírlo, el criminal siguió mirando en torno suyo con recelo, hasta convencerse de que nadie lo observaba. Después alzó en sus brazos al muchacho hasta la altura del brocal, y lo dejó caer dentro del pozo.

Entonces ocurrió allí, según dice la leyenda, un suceso muy extraño. Aquella hermosa gallina negra, que había estimulado tanto la codicia de nuestro héroe, sufrió de pronto una espantosa transformación. Todas sus plumas se alzaron hasta ponerse de punta como las espinas de un erizo; brillaban sus ojos con el rojizo fulgor de dos ascuas de fuego, y se lanzó furiosa tras del criminal, dando chillidos penetrantes y lastimeros. *Rastrillo* ganó rápidamente la salida por una valla que había en el extremo Sur del foso, y se perdió por entre los bohíos de la Marina, aterrorizado y perseguido a picotazos por aquella especie de arpía.

En los archivos judiciales no se encuentran noticias verdaderas de como llegó a descubrirse este suceso criminal, pero la tradición aficionada siempre a lo maravilloso, hace un relato estupendo para explicar el hallazgo del asesino.

Según ella, desde aquel desventurado día, *Rastrillo* no volvió a tener sosiego ni reposo.

Pasaba las noches atormentado por insomnios y pesadillas crueles, y al amanecer oía con espanto el furioso cacareo de la gallina, que corría y picoteaba en derredor de la choza, como en la madrugada misma en que él había acometido el asesinato.

Por su parte los centinelas y vigilantes de la Puerta de Santiago oían diariamente, al amanecer, cierto ruido como de gritos exagerados de una gallina, allá en la parte más baja del foso. Les llamó la atención la insistencia de aquellos gritos a una misma hora y en un mismo lugar, y, deseosos de averiguar qué causa los producía, bajaron una mañana hasta las inmediaciones del pozo. A medida que ellos se aproximaban adquirían mayor viveza los movimientos de la gallina, y el cacareo parecía entonces más enérgico y expresivo. Saltó repetidas veces sobre el brocal, y aleteando allí con insistencia, inclinaba el cuello y señalaba con el pico hacía el interior acompañando estos ademanes con extraños alaridos.

Uno de los soldados, que llevaba una linterna, alumbró con ella dentro del pozo y miró hacia el fondo con atención. Otros soldados advertidos por él miraron también detenidamente hacia aquella parte; avisaron luego al cabo de guardia, que hizo llevar una escala, y con auxilio de ella bajaron dos soldados al pozo y sacaron el cadáver del muchacho.

La noticia de este hallazgo se propagó rápidamente, y no tardaron en llegar al sitio del suceso varias personas, y entre ellas el juez y algunos alguaciles.

_ Veamos esa gallina_ dijo el juez, después de haber oído con atención el relato de los soldados.

Buscáronla en vano por toda aquella parte del foso, y ya se lamentaban los circunstantes de la desaparición del ave aquella, que de modo tan extraño como eficaz había contribuido al descubrimiento del crimen, cuando se oyó un ruidoso cacareo hacia el lado de la Marina.

_ ¡Ella!_ exclamó una de los soldados. Y en unión de otro compañero suyo y de un alguacil, corrió hacia el sitio que indicaban los gritos de la gallina. Al verlos el ave esforzó sus chillidos y echó a correr por entre las casuchas de yaguas que había entonces en aquella parte de la Marina. Junto a una de ellas se detuvo, y empezó a gritar con mayor violencia.

Amanecía ya, y los soldados y el alguacil observaron que la gallina escarbaba y aleteaba furiosamente, como si tratase de forzar la frágil puerta del bohío. Por fin logró apartar hacia un lado una de las yaguas mal seguras, y entró alborotando de una manera singular.

_ ¡Cállate, condenada, que ya me voy!_ gruñó adentro una voz temblorosa, que oyeron claramente el alguacil y los dos soldados puestos en acecho.

Pocos instantes después abrióse la puerta, apareciendo *Rastrillo* en el umbral, visiblemente conmovido.

_ ¡Alto a la justicia!_ exclamó el alguacil aproximándose.

Rastrillo no hizo demostración alguna de resistencia, y se dejó conducir sin dificultad hasta la entrada del foso. Allí se detuvo un instante, y miró como espantado hacia el interior. Después siguió andando como un autómata, hasta hallarse en presencia del juez. A la vista del cadáver se inmutó notablemente, y declaró su delito, si bien alegando que había procedido sin premeditación y en defensa propia.

Fue condenado a cadena perpetua, en uno de los presidios españoles de África.

La gallina no volvió a aparecer ni a ser oída por ninguna parte, y el pozo quedó allí por muchos años, como testigo mudo de aquél crimen, en tanto que grababa su relato en la memoria del pueblo la Musa legendaria de la tradición.

La Muerte del Diablo

E l viejo cirujano de Colleres, excelente bebedor de sidra y narrador famoso de historietas y de sucesos locales, me contó _ entre otros muchos _ el siguiente, cuya veracidad atestiguaron otros vecinos formales del mismo pueblo.

I

José María Pumarada, conocido más generalmente en el lugar con el nombre de Pepón de Rita, era un mozo arrogante y bien plantado, gran jugador de bolos y hombre capaz de habérselas a palos en una romería con el mismo lucero del alba.

Era firme y activo en el trabajo; pero en los días de fiestas gustaba de ir a la villa vestido de limpio y con algunos cuartos, para echar una partida en la bolera y sobre todo para obsequiar a las muchachas. Porque, eso sí, era muy galanteador, y más de dos mozas de la vecindad andaban a la greña por causa de él.

Era cosa de oírlas en un baile o en una *estilla (* Reunión de mozos y mozas en noche de invierno para deshojar maíz)* cuando Pepón relinchaba desde la puerta. Ya le conocían por la voz.

Por aquel tiempo (hará poco más de treinta años) llegó a casa del cura de esta parroquia, en calidad de ama, una guapa chica de la Pola de Lena. Era joven, alta, airosa, rubia, de ojos de cielo y rostro encarnado como una manzana en sazón. Vaya, que no había más que pedir.

Corrió la voz por el pueblo, se murmuró como de costumbre, y todos los vecinos (y especialmente las vecinas) quisieron conocer a la hermosa forastera.

Pepón no se contentó con esto y trató de enamorarla.

"¡Horror! ¡Profanación! ¡Enamorar al ama del cura…! ¡Eso no tenía precedente en esta parroquia ni en ninguna de por aquí! ¡Jesús, María y José!"

Así decían santiguándose y haciéndose mil aspavientos los asombrados vecinos de la aldea, comentando de diversos modos la tenacidad inaudita de Pepón.

Éste siguió rondando por la noche la casa del cura, cantando coplas expresivas y atronando aquellos alrededores con fuertes y prolongados *ijujús*.

Una noche, víspera de San Juan Bautista, mientras el cura, el ama y la vieja sirviente asistían al novenario y presenciaban la tradicional hoguera, llegó el osado mozo a la casa de aquél con una gran carga de ramos y flores, y enramó la puerta principal.

Ya sabe usted, añadió el sangrador, que aquí los mozos tienen la costumbre de enramar las casas de sus novias o pretendidas, durante la noche que precede al día de San Juan.

Figúrese cuál sería la sorpresa y la indignación del cura al regresar a su casa, viendo la galante decoración de la puerta, en lo alto de la cual se destacaban las iniciales J. M. P., formadas con grandes manojos de rosas y de cerezas.

Cerca de allí se arrastraba gruñendo, casi derrengado de una paliza, el perro guardián de la rectoría.

No fue preciso cavilar mucho para descubrir el autor de aquel desaguisado.

Bien claramente lo decían las iniciales, aun cuando no bastaran los antecedentes.

"Todo aquello era obra del osado Pepón de Rita. ¿Quién sino él hubiera sido capaz de tan temeraria acción?"

Al día siguiente predicó el cura con acalorada elocuencia; hizo alusiones muy marcadas a Pepón de Rita, refirió con vivos colores el hecho escandaloso de la enramada en la casa parroquial, amenazó con el infierno y hasta con la guardia civil al autor de tal atentado, y recomendó mucho a sus feligreses que evitaran a todo trance la compañía y la comunicación con personas tan audaces y tan dejadas de la mano de Dios.

Privadamente decía mil improperios de Pepón y le señalaba como un perverso, como un perturbador de las conciencias, del cual era preciso huir para no contagiarse y caer en la tentación.

Pero nada de esto atemorizaba al mozo, que seguía rondando la casa del cura y repitiendo de diversos modos sus amorosas demostraciones.

El asunto iba tomando mal giro y amenazaba convertirse en uno de esos famosos chismes que suelen poner a nuestras aldeas en estado de avispero, cuando una circunstancia, favorable para el cura, hizo alejar bien pronto de Colleres al impertérrito Pepón.

Le tocó la suerte de ser soldado, y tuvo que someterse a la dura pena de abandonar su casa, sus heredades y sus más caras afecciones, para cumplir los rígidos deberes de aquel servicio forzoso.

No se inmutó por ello ni llegó a perder en lo más mínimo su natural arrogancia ni su carácter franco y jovial.

La misma noche en que salió de la aldea, pasó por junto a la casa del cura, lanzó el grito de guerra de los antiguos cántabros y cantó unas coplas picarescas, aludiendo a los curas jóvenes y a las amas amables, coloradinas y de poca edad.

II

A los ocho años volvió Pepón a su tierra, después de haber cumplido en el ejército. No venía solo. Se había casado en Cataluña, donde se hallaba de servicio cuando le dieron la licencia.

Su mujer era una catalana muy lista y trabajadora. Entre los dos arreglaron la casa, labraron las tierras y no tardaron mucho en disfrutar de una posición holgada aunque modesta, que les permitía alternar dignamente con los labradores acomodados de la vecindad.

Desde el casamiento de Pepón habían variado mucho sus costumbres galantes y pendencieras, y toda su atención y su actividad se consagraba al amor de su esposa, al trabajo rústico y a la caza, afición esta última que se había despertado en él con el manejo de las armas de fuego.

A pesar de este cambio evidente de conducta, el párroco no vio con buenos ojos el regreso de Pepón, que si bien no trataba ya de seducirle las amas, hablaba con cierta libertad sobre asuntos religiosos, decía no sé qué cosas contra el fanatismo, y censuraba a los pobres aldeanos que no mataban un cerdo sin mandar a la iglesia el mejor pernil para San Antonio, ni cosechaban fruto alguno sin dar una buena parte de lo mejor para el alivio de las benditas ánimas.

La inquina del cura creció de punto al advertir, por la baja de los piadosos donativos, el efecto que iban produciendo entre sus feligreses las propagandas del ex-militar.

Y volvieron los sermones transparentes, las amenazas mal encubiertas, y, sobre todo, el encargo especialísimo de que nadie tuviera tratos ni conversaciones con Pepón, que era un impío, un empecatado, un réprobo que no podía parar en bien.

"Entre Pepón y los indianos (decía el cura con frecuencia en sus conversaciones y lo daba a entender en sus pláticas) me tienen perturbada la parroquia, que sin ellos sería una malva, un modelo de religiosidad. Siquiera los indianos se vuelven para la Habana o Buenos Aires después que se cansan de bailar y correr a caballo; y con un par de sermones calientes, una visita a cada casa o una confesión general, neutralizo los malos efectos de su charla, más imprudente que intencionada; pero Pepón se queda siempre ahí, dale que dale, descomponiendo por un lado lo que yo compongo por el otro, y es el cuento de nunca acabar. Lo que es éste no ha de parar en bien, y milagro será que no se le lleve el diablo en cuerpo y alma."

"¡Jesús, ave María purísima!" _ decían los oyentes santiguándose y haciendo grandes demostraciones de terror.

De este modo pasaron muchos años. El cura se fue haciendo viejo y avaro, según malas lenguas; Pepón tuvo algunos hijos, uno de los cuales le acompañaba ya en los trabajos de labranza y hasta en las cacerías, en las que solía manejar la escopeta con habilidad.

Los donativos, las mandas, las promesas efectivas y demás rentas eventuales de la parroquia eran cada día más escasas, y había temporadas de San Antonio y de San Martín que no producían ya ni dos docenas de jamones para los santos. Todo esto lo atribuía el párroco a la propaganda de Pepón, de quien seguía diciendo en público que estaba empecatado y que no podía parar en bien.

Un día vinieron a buscarme con mucha prisa para que fuese a ver a Pepón, que estaba enfermo. Le hallé casi paralítico y sin voz. Había estado algunas horas privado de conocimiento, pero ya había vuelto en sí, aunque con la memoria muy debilitada y confusa.

Le sangré y se mejoró algo; pero aquella enfermedad no me tenía muy buen aspecto, y así se lo dije a la catalana, que se afligió de veras. Tras de aquel ataque de parálisis podía venir y vendría seguramente otro mayor, del cual sería imposible salvarle.

Aprovechando un momento de mejoría en que pudo hablar algo, aunque con mucha dificultad, le indicaron la conveniencia de llamar al cura, a lo cual se opuso enérgicamente.

Cundió con horror por todo el pueblo la noticia de esta negativa; el cura y sus acólitos aprovecharon la ocasión para afear la conducta del enfermo, y el sacristán aseguró en tono profético que aquel hombre estaba dado a

Satanás.

Se repuso Pepón, aunque difícilmente, de aquel primer amago, gracias a lo fuerte de su constitución y al esmero con que le cuidó la catalana; pero algunos meses después se repitió el ataque y murió el hombre casi de repente, sin los auxilios de la religión.

Pusieron el cadáver en la sala, como de costumbre, para velarle; concurrieron a este acto algunos vecinos y muchas vecinas; y empezaron las oraciones propias del caso.

La catalana estaba en el interior de la alcoba devorando en silencio sus grandes penas.

Pepín, el hijo mayor del difunto, sollozaba en un rincón de la sala, cerca de una puerta que comunicaba con los cuartos interiores.

Era cerca de media noche. Dormitaban algunas de las personas allí reunidas; y el rezo se iba haciendo ya más interminante y menos general, cuando sonó en la puerta un extraño ruido y penetró de pronto en la sala un rarísimo personaje.

Tenía la cara deforme y rígida, con dos áscuas por ojos, unos grandes cuernos de macho cabrío, traje de pieles con larga y peluda cola, uñas muy negras, afiladas y relucientes, y una pajuela de azufre encendida en la mano derecha.

Ante aquel espantoso huésped, que se fue derecho a la caja del cadáver haciendo ademán de cogerle con las uñas, todos los concurrentes huyeron despavoridos, alarmando con sus gritos a toda la vecindad.

Sólo Pepín logró dominarse pronto en medio de aquella horrible confusión. Ya fuese por virtud del valor propio, ya por la solemnidad dolorosa que le aturdía o por veneración y respeto al cadáver de su padre, el chico no huyó de allí como los demás. Al principio se sobresaltó, como era natural; después corrió instintivamente hacia el cuarto contiguo, tomó de allí la escopeta que Pepón tenía siempre cargada y a mano, volvió a la sala, disparó sobre aquella diabólica figura que rugía y daba vueltas alrededor del cadáver, y corrió luego hacia la alcoba, donde halló a la triste viuda casi privada de conocimiento.

La detonación volvió a causar alarma entre los vecinos, que ya se iban acercando otra vez a la casa, aunque con gran cautela, vivamente aguijoneados por la curiosidad.

Venció por fin esta última, y cuando los aldeanos más animosos llegaron a la puerta de la sala mortuoria, vieron al diablo tendido en el suelo, con los cuernos rotos, varias uñas despegadas de los dedos y algunas manchas de sangre en rededor.

Después de tantearle con los palos y con las puntas de los pies hasta convencerse de que había muerto, procuraron descubrirle el rostro, que estaba envuelto en pedazos de piel y de cartón, y al reconocerle no pudieron contener un grito de sorpresa.

¡Era el sacristán de la parroquia!

EL INVÁLIDO
A MI HIJA AMPARO

Aquella mañana el viejo periodista se había sentido con ánimo y con fuerzas para sentarse en la cama, donde una enfermedad penosa le retenía. Primero se incorporó poco a poco; levantó la cabeza, no bien libre todavía de dolores y desvanecimientos; después enderezó el busto, y a fuerza de almohadas por uno y otro lado logró sin gran molestia mantener la mitad del cuerpo en posición casi vertical. Buscó entonces a tientas un cordón que pendía desde el techo junto a uno de los pilares de la cama, se oyó un ligero roce al descorrerse la tapa del tragaluz, y entró de pronto la claridad por lo alto de la habitación, desconcertando las sombras, que fueron a esconderse detrás de los armarios y los tapices. Pudo verse entonces en todos sus detalles el rostro del enfermo, pálido y demacrado, pero de expresión serena y noble, notándose en sus ojos una fijeza extraña. Era indudable que permanecían poco menos insensibles ante aquel bello torrente de luz.

Una criada entreabrió después la puerta del cuarto, y anunció su presencia con un saludo respetuoso, al que contestó el enfermo, el cual preguntó con interés:

_ ¿Se ha levantado Angélica ?

_ No, señor. Encargóme que la llamara cuando usted despertase.

_ Déjala que duerma ... Es temprano todavía, y la sentí trabajar anoche hasta muy tarde. Tráeme café; abre la ventana para que se renueve el aire, y pon flores frescas donde Angélica las puso ayer.

Quedaron pronto cumplidas estas órdenes, y después del breve desayuno quedó el enfermo por espacio algo mayor de media hora, con la frente apoyada en su mano derecha, y como sumido en triste y profunda meditación.

Tenía en verdad muchos motivos de tristeza. Su vida había sido un sacrificio constante para él para su familia, y ya próximo a la muerte le preocupaba la idea de que tanta abnegación y tanto esfuerzo fuesen también infructuosos para la humanidad.

Desde muy joven se había dedicado al periodismo con fervorosa vocación. Le entusiasmaba la idea de llegar a ser el verbo y el heraldo de la sociedad en que vivía, compendiar su saber, compatir y expresar fielmente sus creencias, sus aspiraciones sus entusiasmos, sus desalientos, sus tristezas y sus esperanzas; sentir bajo los puntos de su pluma las palpitaciones de una idea y darle forma, impulso y dirección; ver cómo esa idea se condensa, se modifica y se adapta; de qué modo encarna en la conciencia general, y por qué serie de evoluciones llega a convertirse de una aspiración vaga en una necesidad imperiosa; de una sencillísima operación del pensamiento individual en un vivísimo anhelo colectivo, y por fin en una determinación de esa fuerza social incontrastable que se llama la opinión pública.

Abrigaba también altos propósitos de educación y regeneración del pueblo; fiaba mucho en la propaganda periodística auxiliada por el ejemplo, y se empeñó en hacer un apostolado de lo que hacían otros una profesión lucrativa o tal vez un oficio de dudosa moralidad. Engolfóse en el estudio de las ciencias morales y políticas, fatigó constantemente su vista y su cerebro con la lectura, confrontación y comentario mental de los tratadistas más famosos de estas ciencias; meditó mucho acerca de lo que había estudiado en los libros y en el mundo, en la teoría y en la realidad; volvió a estudiar con ardor hasta adquirir ideas propias y claras sobre los problemas de su tiempo, y se lanzó a la generosa lid...

¡Qué labor aquella, en la que derrochó los más preciados tesoros de las energías de su juventud! Combatió vicios arraigados; atacó a instituciones poderosas; no dio tregua en la lucha contra los abusos del poder y del error entronizado; propagó ideas generosas, fomentó enseñanzas, infundió aliento, creó reputaciones, distribuyó beneficios y se cuidó del bien de todos menos del suyo. Exaltado su espíritu con el fragor de la lucha y con el entusiasmo de la propaganda, no volvió siquiera la vista atrás, para ver en qué parte había caído la semilla, y a quienes había proporcionado algún bien. Olvidaba las injurias, no se desvanecía con los aplausos, y seguía resueltamente su obra de abnegación y de generosidad.

Una cosa le entristecía frecuentemente; había notado que sus obras de mayor empeño literario y moral, aquellas que producían mayor satisfacción en su conciencia de artista y de filántropo, eran precisamente las que pasaban inadvertidas para la generalidad de sus lectores, que aplaudían, en cambio ruidosamente, lo trivial y baladí que se le escapaba de vez en cuando en el acaloramiento de la polémica o en las inadvertencias de alguna forzosa y rápida improvisación. La frecuencia de este fenómeno había llegado al punto de hacerle casi aborrecibles los aplausos. Cuando sonaban con insistencia a su alrededor, recapitulaba tristemente lo que acababa de publicar, y se preguntaba a sí mismo con inquietud: _ ¿En qué habré pecado?

Por lo demás, no se desalentaba. La fuerza de la vocación, la alteza de sus propósitos y la fe que tenía en la eficacia del periodismo docente, renovaban las energías de su voluntad estimulando sus generosos anhelos. Y estudió y forzó sin regateos ni reparos egoístas sus potencias físicas y sus facultades intelectuales en la generosa labor.

Cuando más empeñado se hallaba en esta lucha sin tregua, una enfermedad vino a privarle casi del sentido de la vista. Sus esfuerzos en el estudio incesante, el trabajo nocturno con la luz artificial imperfecta, la fatiga del pensamiento propio con el de la mano que lo exteriorizaba; pero no tardó mucho en irse habituando a esta, para él, nueva forma de redacción. Su esposa y su hija le servían a menudo de amanuenses, sobre toda esta última, una graciosa adolescente, heredera de los entusiasmos y de la inteligencia de su padre, y dotada de asombrosas disposiciones para servirle de auxiliar y de complemento en aquella noble tarea. Poco tiempo bastó para que ella conociese al dedillo la biblioteca de su padre, y para que pudiese encontrar en ella el libro, el legajo o el documento que él necesitaba; buscar en ellos el dato precioso; leer los periódicos, y escribir lo que el padre le dictaba, dando en cierto modo unidad y enlace consistente al trabajo de los dos. Había mucho de providencial y de conmovedor en aquellas dos polos de la vida humana, personificaciones del porvenir y del pasado, de la luz y de la sombra, unidos por la necesidad y el afecto, y empeñados con igual entusiasmo en su labor común … !

Todo iba ya bien, y apenas se notaba en los trabajos del periódico la falta de la vista de su redactor, cuando sobrevino a éste una enfermedad que dio al traste con todos sus esfuerzos y energías. Empezó a sentir en todo su cuerpo una languidez extraña, un abatimiento general, contra el que se rebelaban inútilmente sus hábitos de actividad y de trabajo. A veces padecía insomnios sin motivo aparente o sentíase dominado por tristezas indefinibles, por vagos temores, por timideces y vacilaciones impropias de su carácter, y otros fenómenos sorprendentes, de no larga duración, pero que solían repetirse de un modo irregular, imprevisto y desordenado. En medio de las mejores apariencias de salud sorprendíanle fuertes dolores repentinos, entorpecimiento y hasta parálisis de varios músculos; otras veces le dominaba una depresión nerviosa repentina, o un enervamiento mental que le dejaba durante algunas horas completamente inútil para el trabajo.

Aún así persistió por algún tiempo en sus tareas el infatigable periodista, hasta que intervino el médico y le prohibió todo ejercicio intelectual. Pero fuese porque el remedio llegó tarde, o porque hubiese verdadero peligro en detener de pronto las funciones de un cerebro extraordinariamente activo por naturaleza y por hábito, el hecho fue que le sobrevino una gran perturbación mental, una melancolía profunda acompañada de grandes desórdenes nerviosos, que tuvieron por largo tiempo al paciente en los linderos de la locura y de la muerte.

Fue verdaderamente heroico el esfuerzo de la ciencia médica para salvar aquella vida que naufragaba; pero en esta lucha generosa acababa de obtener un verdadero triunfo. De una y de otro afección había entrado ya el anciano en franca convalecencia.

Durante, los cuatro años de enfermedad del viejo escritor, el periodismo se había transformado notablemente. Los hechos habían adquirido supremacía sobre las ideas, las impresiones momentáneas habían alcanzado más valimiento que el estudio concienzudo y grave, y la información novelera y versátil había invadido casi por completo a la nueva hoja diaria. Sólo quedaba como reliquia del pasado algún periódico rebelde, que no había querido rendirse a la tiranía de la moda, y que se agitaba penosa y estérilmente en la soledad del vacío...

La evolución se había realizado en poco tiempo; nada sabía el inválido acerca de ella, y al volver éste a la salud sentía revivir sus entusiasmos por el periodismo, tal como él lo había practicado y comprendido.

Desde que había logrado coordinar medianamente sus ideas, expresó deseos de saber lo que decían los periódicos. La familia del convaleciente consultó sobre este punto al médico, y éste accedió al deseo de su cliente, recomendando que las lecturas fuesen breves, para no fatigar su atención. Angélica había ofrecido leerle algunos párrafos de periódicos aquella misma mañana, y al sentirla ya despierta, había suspendido el viejo periodista sus tristes meditaciones; iba a recordar, a vivir de nuevo, a comunicarse otra vez con el mundo de las ideas, de las discusiones elevadas, de los entusiasmos; mundo del cual le parecía haber estado ausente largo tiempo, y la impresión que esta esperanza producía en su ánimo era mil veces más viva que la del viejo marino que vuelve a la costa, después de haber sufrido nostalgias indecibles lejos del mar! …

Sentía deseos de que llegase su hija para que le fuera leyendo los periódicos.

No se hizo esperar la gentil lectora. Rayaba en los albores de la juventud, y era de fisonomía dulce, inteligente y bella.

_ Buen día, papá_ dijo aproximándose al anciano y besándole en la frente. _ ¿Dormiste bien?

_ Sí, hija. ¿Y tú?

_ Perfectamente.

_ ¿Has tomado el desayuno?

_ Sí, señor.

_ Pues trae los periódicos para que me leas...

_ Un poco nada más ... Ya sabes...

_ Bien, hija, aunque sea un poco.

Puso Angélica una silla próxima a la cama del enfermo; salió del cuarto alegre y rápida como una gacela, y volvió enseguida con un manojo de periódicos.

_ ¿Por cuál empiezo, papá?

_ Por *El Pensamiento*, si lo tienes a mano.

_ Ya no existe.

_ Pues léeme algo de *El Estudio*.

_ Ha muerto también.

_ ¡Es lástima ... ! Busca entonces *La Discusión*.

_ Se ha transformado, papá En lugar de *La Discusión*, se publica *El Combate* y *El Mordisco*. Aquí están...

_ No me los leas. Prefiero *La Reforma*.

_ Ya no viene.

_ ¿Y *El Derecho*?

_ Se ha suspendido.

_ Pues *La Razón.*

_ Nadie se acuerda ya de ella. Murió al poco tiempo de haber enfermado tú.

_ ¿Qué otros periódicos tienes ahí? Léeme los títulos.

_ *"La Pelea, El Vocinglero, El Látigo, El Maldiciente, El Cáustico, El Murciélago, El Perro del Hortelano, El Zipizape, El Curioso, El Gato Etico, La Tentación..."*

_ ¡Basta, hija, basta ... ! Léeme cualquiera ... No me parecen títulos de periódicos.

_ Este, que parece el mejor.

_ iCómo se llama!

_ *El Rebenque.*

_ ¡Válgame Dios!

_ ¿Qué tienes...? ¿Te sientes mal?

_ No, no es eso. Empieza a leer...

¿Qué título tiene el primer artículo?

_ *Ojo por ojo.*

_ ¡Cosa más rara ... ! Eso parece de los tiempos del Talión. Y ya ha llovido desde entonces.

_ ¿Tiene firma?

_ Sí. Señor *T. Reviento.*

El inválido se estremeció ligeramente, y dijo con cierta severidad:

_ Sin bromas, Angélica.

_ No son bromas, papá, eso mismo dice la firma. Una *T* mayúscula, un punto, y después *Reviento*.

_ Lee en otra sección, en otra plana...

_ Pues oye_ dijo la niña dulcemente: "Corre el rumor de que alguien dijo en un sitio dado, con relación al jefe de cierta oficina de Baldíos, cuyo nombre empieza con M".

_ Más despacio, hija. ¿Qué nombre es el que empieza con M...?

_ No lo dice aquí, ni se deduce claramente del párrafo. Será el de la oficina o el del jefe.

_ Adelante.

_ ..."cuyo nombre empieza con M, había ofrecido influir en cierto negocio favorable a determinado estanciero, criador de caballos de fama. Estamos en la pista, y tal vez tengamos que insistir dando más detalles, si el asunto resulta ser de aquellos que no se pueden silenciar sin..."

_ ¡Uf! No me leas periódicos de ese género ni de ese lenguaje...! Busca otro.

_ Este es de los más leídos, el de más circulación.Casi todo él se compone de noticias.

_ "Por ser día del Jefe del Estado, hubo esta mañana recepción y banquete oficial de gran ceremonia, y en las Iglesias se cantó el *Te Deum* por la salud de S. M. y por la prosperidad de la nación...:_ ¡Ajos, ajos! Se recibieron 13,000 ristras por el vapor correo, y se detallan a..."

_ No saltes a los anuncios, hija que esos no me interesan. Sigue leyendo el suelto ese del *Te Deum*.

_ Pues ahí es donde están los ajos. Parece que ahora se usa meter anuncios como cuñas entre la lectura de más *enjundia...*

_ ¡Eh! ¿Qué palabra es esa ?

_ La aprendí en esos mismos periódicos de tono, entre las noticias, los ajos y otros artículos de comer y beber... ¿Sigo?

_ Sigue, hija; pero cuando halles anuncios pasa de largo. No me interesan.

_ Bien, papá, saltaré los anuncios. Oye ahora...._ "Dos mujeres de mala vida se tiraron del pelo y de la lengua esta mañana en la calle de la Concordia, Palabras insolentes tales como...

_ No continúes, Angélica; eso es vulgar...

_ Pues a otra noticia: _ "Según nos comunica nuestro activo corresponsal de *Villapasteles,* ha parido allí una puerca dos criaturas particulares. Ambas tienen dientes en la boca, y una de ella no parece ser animal..."

_ Pasa, pasa esas tonterías y lee más abajo o más arriba, donde haya algo de interés.

_ Veamos aquí: _ "Sucesos del día,_ El campanero de la Caridad injirió a la madre de otro muchacho de apodo "Camarón", el cual contestó con un *chinazo* y una insolencia grandísima. No se sabe todavía el origen del disgusto, pero uno de nuestros *reporters* hace desde esta mañana las mayores diligencias para averiguarlo, y es casi seguro que lograremos darlo a conocer antes que ningún otro colega. Cada día recibimos más felicitaciones por nuestro admirable servicio de información"

_ ¡Bravo!

_ Sigo leyendo: "Era una gran desgracia la que hasta hace poco sucedía. La juventud, enloquecida por el placer, agotaba prematuramente las fuentes de la vida, cayendo en un estado de abatimiento y desesperación, que hacía desgraciados a los pródigos del amor, y los inducía al suicidio. Con el gran remedio inglés ya no hay senetud. ¡Hurra debilitados! Con cuatro pildoritas..."

_ ¿Qué estás leyendo, muchacha ? ... Tira eso y sigue en el periódico.

_ Si en él es donde leo, papá.

_ Habrás dado otra vez en los anuncios...

_ No, señor; es en la primera plana, en los "Sucesos del día."

_ Pues vuelve la hoja y busca artículos grandes.

_ Casi todos son chicos, papá. Ya no se usan mayores. A los que pasan de media columna los llaman *latas*...

_ ¡Es bien extraño todo eso, y empiezo a temer que no vamos a dar con lo que busco! Sigue leyendo, hija; pero entérate rápidamente de lo que dicen esos párrafos y dímelo en extracto, para no perder tiempo en cosas que no quiero saber.

_ Espérate ... Aquí se habla de un lechoncito que asaron en el "Pedregal", y quedó algo soso...

_ Otro.

_ De una pajarita que tiene su pajarito, y que intentó escaparse....

_ ¡Pasa!

_ De un caño por donde sale agua sucia en pleno día.

_ Pasa, pasa.

_ Los que fueron detenidos ayer por obscenidades y riñas...

_ Adelante.

_ "Cargamento de tasajo..."

_ ¿Vuelves a los anuncios?

_ No, señor; sigo en las noticias.

_ Pues déjalas ya, vuelve la hoja, y busca los artículos de alguna extensión.

_ Ya no se encuentran sino rara vez. El gusto se inclina ahora a lo breve. En este periódico sólo hay noticias y telegramas, y muchos anuncios entre unas y otras. La sección de recortes trata siempre de asuntos extraños.

_ ¿Son así todos esos periódicos?

_ No todos. Hay algunos de lucha brava, con abundante *articulación...*

_ Veamos_ dijo el ciego_ mientras que se contraían tristemente sus labios, como queriendo ensayar una sonrisa.

Revolvió la muchacha con presteza el montón de papeles impresos, desplegó uno, y se volvió un poco después hacia el anciano, diciendo con viveza:

_ ¡Lo encontré!

_ ¿Cómo se llama?

_ *El Cañón.*

_ ¡Dios nos asista … ! ¿Cómo se titula el primer artículo ?

_ *Más eres tú.*

_ ¿Y el otro?

_ ¡*Atrás canallas...* ! El tercero *A puntapiés.*

_ ¡Basta de títulos, hija mía! Lee en el texto.

_ "Sois unos miserables. Habláis de dignidad y de entereza porque estáis debajo: pero a la primera sonrisa del amo, se disiparía todo eso. Para vosotros no hay más dios que el Presupuesto, y el Mendrugo es su profeta. Todas esas bravatas significan que no tenéis la sartén por el mango; pero si de pronto se volviese la tortilla, se ahogarían vuestras voces con las frituras oficiales (¡valiente bocado!) y no os quedarían palabras más que para la adulación del dueño y para negar el agua y la luz a nuestros hermanos caídos..."

_ No sigas, Angélica, que eso es muy triste.

_ ¿Quieres que lea más abajo?

_ No, no; deja todo eso, hija mía, que ya me va fatigando, y no me leas de cada periódico más que el fondo.

_ El fondo, fondo ... _ repetía para sí Angélica, como queriendo recordar ideas y nombres de cuando ella escribía los artículos que le dictaba su padre ciego.

_ Después preguntó en tono de indecisión.

_ ¿Decías que el fondo...?

_ Sí, hija; un artículo que debe hallarse a la cabeza, del periódico o en un lugar preferente. Contiene el pensamiento capital de la Redacción sobre algún acto público de importancia, o sobre las cuestiones palpitantes de actualidad; artículo en que se define alguna aspiración social o política, en el que se ilustra alguna cuestión grave, en el que se estudia y esclarece algún punto de derecho público, algún sistema administrativo o económico, o se expone o comenta alguna opinión trascendental. Es algo así como la síntesis y la autoridad del periódico. En el fondo no hablan los redactores de sí mismos, de sus pasiones, de sus odios ni de sus resentimientos propios. El fondo es impersonal, severo, docente; impugna o defiende sistemas, indica procedimientos, desarrolla teorías, aplica principios y procura inspirarse en el bien general ...

Oyó Angélica con gran atención las explicaciones del anciano; fue después recorriendo con la vista las columnas de aquellos periódicos, en busca de artículos como el descrito y después de un detenido examen exclamó con expresión candorosa y tranquila.

_ Papá, estos que están aquí no tienen fondo.

El inválido se sonrió tristemente, buscó a tientas y acarició con sus dedos temblorosos la hermosa cabeza de la niña, y dijo luego con emoción:

_ Creo que has hecho una frase más exacta y acerba de lo que te figuras, hija mía. Tienes razón: ahí no hay *fondo*. Algo había presentido en mi tiempo acerca del triunfo posible de la noticia sobre la idea; pero empiezo a temer que la novelería no ha triunfado sola, sino que la acompañan en su apoteosis el chisme, la intolerancia y la vulgaridad.

Y al decir esto, suspiró tristemente el anciano, indicó a la niña con un ademán que no continuase la lectura, y se dejó caer sobre las almohadas, como anonadado por un desconsuelo infinito.

Angélica permaneció de pie contemplándole durante algunos minutos, con los ojos llenos de lágrimas. Luego, cuando ya no podía contener los sollozos, salió sigilosamente del cuarto, para dar libre curso a las manifestaciones del dolor…

Cuando la joven le dijo al médico que la lectura de los periódicos había hecho daño al convaleciente, echó el doctor una breve ojeada al título de aquellos, examinó con detención al paciente y dijo, como dirigiéndose a sí misma un reproche.

_ ¡Debí preveerlo!

Explicó después a la niña por qué aquellos periódicos no eran los más a propósitos para la lectura del inválido; arrancó una hoja de su cuaderno de *recipes*, en el que escribió el titulo de cuatro o cinco diarios, y se la entregó a la adolescente.

_ Si vuelve a pedir periódicos_ añadió_ puedes leerle los que en ese apunte se relacionan. La crisis que le han producido las lecturas de hoy pasará pronto; pero no debe repetirse. La disposición de su ánimo y su estado general de convaleciente exigen precauciones muy cuidadosas. Por eso *receté* ahora los periódicos que se le pueden leer sin peligro.

_ Pudiera suceder_ objetó Angélica_ que después de leídos esos se empeñe en conocer otros...

_ Me harás llamar entonces, y mientras llego, distráelo cautelosamente. Tienes dulzura y talento sobrados para conseguirlo sin violencia ni desazón. Además los enfermos en ese estado no suelen ser imperiosos y duros en el pedir; según se debilita el cuerpo, se debilitan en ellos las energías de la voluntad. Procuraré analizar con cuidado los periódicos de nuestra tierra, para ver si es posible aumentar lo lista con algunos más.

La Situación

La gran guerra fue un acontecimiento brutal que desquició al mundo, si es que no estaba ya medio desquiciado, por otros actos belicosos de menor cuantía. Cuando terminó la gran guerra creyeron los ilusos que todo lo malo había terminado; pero la post-guerra no nos va resultando tan satisfactoria como nos habíamos figurado. Cesaron _ ¡Dios sea bendito!_ los cañonazos, pero no ha cesado la inquietud. A la terrible matanza de las trincheras ha seguido un atrincheramiento moral, un instinto de hostilidad y desconfianza menos franco y resuelto que el de la guerra, pero no menos efectivo. Se siente un malestar, una desazón, una especie de nerviosidad molesta, desasosiego colectivo que no se explica bien pero que dista mucho de la tranquilidad deseada.

Tiene este malestar cierta analogía con el que sentimos individualmente después de haber padecido un fuerte ataque de *"gríppe"*. Los médicos en este caso aconsejan un tratamiento reconstituyente de cola, y jugando un poquillo con la palabra (aunque el caso no es para juego) pudiera decirse que también el mundo necesita *"cola"*. Habría que encolarlo, dándole cohesión y fortaleza como a un mueble desvencijado.

Con los tratados de paz se ha suspendido el choque violento, la efusión de sangre, la terrible carnicería humana, que ya es mucho; pero de esa fiera malhadada nos queda todavía el rabo por desollar. La Caridad, que es incompatible con la guerra, se fue hacia las alturas de su origen, y tarda en aclimatar nuevamente su imperio cristiano y salvador entre nosotros; la Confianza, que es de su Corte, parece *"ariscada"* también, y en lugar de ella nos minan la duda, la sospecha, la cabilosidad y otras molestias, y se exageran las formas de la codicia y de la explotación.

No obstante la especialidad de vida y de acción social mansa de este país puertorriqueño, se siente en él mucho del malestar y la inquietud general, por efecto de la vida de relación y de la solidaridad humana. Sus instrumentos actuales de acción, más bien que partidos homogéneos son coaliciones de fuerzas numéricas para las contingencias de la lucha próxima; carecen de unidad lógica, que es la que puede dar cohesión durable en lo porvenir.

Después de la lucha _ ya que no se ha hecho antes_ las clases directoras deben cuidarse de la formación y estructura de esas agrupaciones, depurando bien en ellas los valores sociales y políticos y dificultando todo cuanto se pueda las tendencias al caciquismo y el asalto a los destinos públicos con miras de lucro personal. Los partidos políticos, como instrumentos de opinión y de gobierno, son cosa importante para el progreso y bienestar de los pueblos, y no deben estar confiados al azar ni sujetarse a las combinaciones electorales del momento.

Y extendiendo otra vez la mira a la situación mundial, hemos de convenir en que la paz, como los monarcas constitucionales, reina pero no gobierna, y que faltan algunos elementos esenciales para que se restablezca el equilibrio moral a que aspiramos todos.

Es necesario cultivar y fortalecer entre las partes beligerantes el sentimiento de la fraternidad humana, desmintiendo la ingrata frase latina de que *"el hombre es lobo del hombre"*. Hay que borrar a todo trance eso de *"lobo"* y establecer con verdadera sinceridad la máxima evangélica de que *"el hombre es hermano del hombre"*. Sobre esta base y a impulsos de una buena voluntad, puede fundarse algo estable acerca de la armonía de intereses universales; sin ella no podrá haber arreglo mundial aunque se empeñe la Sociedad de las Naciones.

"En donde quiera que hay rozamientos hace falta lubricación", dicen los mecánicos. La gota de aceite es necesaria para suavizar las resistencias, y es indudable que en estas rozaduras de intereses mundiales hace falta una gota del óleo bendito del amor evangélico y de la Caridad.

El Seis Enojao
COSTUMBRES PUERTORRIQUEÑAS

*P*ara ser castizo el nombre de este baile popular, le falta una *"d"*; pero así lo pronuncian en los campos de la isla, donde ha estado muy en boga, y donde suelen bailarlo todavía. Es quizás el único baile de figura que aún queda entre nuestras gentes sencillas, y como casi todos esos bailes viene a ser la representación muda de un poema amoroso bien sazonado en este caso con el estimulante de los celos.

Al iniciarse por la orquesta el son alegre y rítmico del *"seis"*, se destaca del grupo bailador una joven pareja; sonríen ella y él alegremente; enlazan sus brazos, y empiezan a bailar unidos el *"seis"* con todo el entusiasmo propio de la edad, y con toda la sandunga y la gracia criolla que Dios les dio.

Siguen bailando alegremente lo mejor que pueden: el corrillo aplaude; se estimulan ellos, y el espectáculo adquiere entonces gran animación e interés. En esto mira él al grupo de los que aplauden con más entusiasmo, como para demostrar su agradecimiento; fija la vista en una jibarita guapa que hay allí, y la saluda con una leve inclinación de cabeza. Lo advierte su compañera de baile; pero lo disimula, aunque en su semblante se va formando como una ligera nube de disgusto. Siguen bailando unidos, aunque notándose menos decisión en los movimientos de ella. Poco después al pasar de nuevo por frente a la jibarita, la mira él más intensamente; se le entorpecen un poco los pies y pierde el compás.

La bailadora entonces hace un expresivo gesto de disgusto y desenlaza sus brazos de los del galán; se adelanta a él como para evitar su contacto, y siguen así, el uno en pos de la otra, bailando al mismo compás del *"seis"*. El va haciendo gestos y demostraciones mímicas de inculpabilidad, para desenojarla; pero ella muestra de vez en cuando su disgusto, en ademanes discretos, cediendo al encanto del ritmo y a pesar de los celos, al atractivo subyugante del amor. Poco a poco, y en vista de las demostraciones de rendimiento de él, la joven va visiblemente dulcificando su semblante, aunque recatándolo de él, para que no se envanezca demasiado con su triunfo.

Pero al galán se le va haciendo larga la resistencia de la joven y empieza a mostrar disgusto en su semblante; se rezaga poco a poco en sus movimientos rítmicos, y por último se detiene. Ella entonces, desenojada ya, vuelve hacia él con los brazos entreabiertos, que el galán vacila en aceptar, y el baile cambia otra vez de dirección, haciéndose él el enojado y ella la solicitante ...

Pero ya el enojo del galán carece de intensidad y ella vuelve a menudo la cabeza, para mirarle complacida. Por último, aprovechando un *"allegro"* de la música, vuelven a enlazar sus brazos en medio del aplauso de la concurrencia; y de pronto para la música; el galán dice a su pareja una copla galante, a la que se da el nombre de *"bomba"* y es muy celebrada por la concurrencia; los músicos tocan entonces un *"allegro"* animadísimo, y el *"seis"* se generaliza, bailando alegremente todas las parejas disponibles de la concurrencia.

Ninguna de las nuevas formas del baile de ahora es más expresiva y sabrosa que el *"seis enojao"* de nuestros tiempos coloniales. ¿Porqué en los mismos campos de Puerto Rico se va relegando el *"seis enojao"* a las penumbras del olvido?

MORENITO
CUENTO DE THEURIET

*H*abía en Sevilla, en el famoso barrio de Triana, un muchacho de quince años llamado Juanito. Era huérfano de padre y madre, y había crecido a la buena ventura, como una hierba silvestre, durmiendo acá y acullá, unas veces a la intemperie, otras en la caballeriza de una posada, y alimentándose con algún puñado de bellotas dulces o con algunas frutas compradas a menos precio. Así vivía desempeñando alternativamente cien pequeños oficios, entre los cuales el más lucrativo consistía en vender programas en las puertas de los teatros.

A pesar de su descuidado porte, era un guapo chico de ojos negros y luminosos, boca sonriente, cabellos ensortijados y tez muy trigueña, por lo que se le conocía más generalmente con el sobrenombre de *Morenito*. Tenía además en sus venas un poco de sangre gitana, de lo que provenía su natural humor independiente y su inclinación a vagar. Era también apasionado por las corridas de toros.

Un día de Viernes Santo se levantó *Morenito* con el espíritu triste. Durante toda la quincena de la Pasión los teatros habían estado cerrados, y, no habiendo podido ejercer su oficio de vendedor de programas, no tenía un cuarto en el bolsillo. Su pobreza era para él tanto más sensible, cuanto que para el día de pascuas se preparaba en la ciudad una magnífica corrida de toros, en la que tomaban parte los famosos matadores Frascuelo y Mazantini, y _ dado el vacío desconsolador de su bolsa_ el chicuelo se vería forzosamente privado de su espectáculo favorito. No obstante, resolvió ir a buscar fortuna por las calles de la ciudad, y después de haber dirigido una oración a la *Virgen de la Esperanza*, de la que era muy devoto, sacudió las biznas de paja que tenía entre los cabellos y se lanzó fuera de la cuadra donde acababa de dormir.

La mañana era magnífica. Sobre el cielo, de un hermoso azul subido, se recortaba con admirable limpieza la esbelta y rojiza torre de la Giralda. Las calles estaban ya llenas de gente, forasteros y habitantes del campo, que habían ido a Sevilla para asistir a la famosa procesión. Al pasar por delante de la Plaza de Toros, el *Morenito* vio una larga cola de aficionados que asediaban el despacho de localidades para la función del domingo, y esto aumento más aún su tristeza y amargura.

Por espacio de cuatro horas vagó por la calle de la Sierpe, ya husmeando el olor de las frituras y viendo cómo se tostaban en el aceite hirviente los buñuelos y pastelillos de canela, ya siguiendo la pista de los toreros que se paseaban lentamente por delante de los cafés, con el cuerpo muy oprimido por su ajustada chaquetilla y sus estrechísimos pantalones. Se devanaba los sesos buscando un medio honrado de ganar algunos reales. En vano había intentado agregarse a los vendedores que anunciaban a gritos los programas de las procesiones con los nombres de las cofradías: todos los empleos estaban provistos, y no le aceptaban en ninguna parte.

Por fin, no pudiendo más, con el estómago vacío y las espaldas recocidas por el sol, desembocó en la Plaza de la Constitución, donde debían estacionarse las procesiones; buscó en los portales de la Audiencia un rincón solitario y sombrío, y se sentó allí para descansar mientras llegaba el paso de las Cofradías.

"Quien duerme come"_ dice un adagio muy antiguo, y a falta de desayuno se dio el *Morenito* un buen atracón de sueño. Quedóse profundamente dormido ¡y a fe que estaba muy bello así! Tendido a todo lo largo de las lozas con un brazo encogido para servir de apoyo a la hermosa cabeza negra y rizada, cerrando sus párpados las largas pestañas, y entreabiertos los labios rojos por una sonrisa vaga, descubriendo a medias sus pequeños y blancos dientes.

Mientras dormía *Morenito* pasaron por allí dos transeúntes, un joven y una joven, marido y mujer, probablemente recién casados; era en todo caso una pareja enamorada, y esto se conocía por lo expresivo y meloso de su conversación, y porque iban estrechamente cogidos del brazo.

_ ¡Mira qué bonito es este pillete!_ dijo el joven a su compañera, deteniéndose para contemplar al dormido_ y qué cuadro más encantador haría... ¡Qué postura más divertida! Todo en él tiene gracia, hasta esa original posición de la mano abierta, como en aptitud de esperar que la suerte le deje caer algo en ella durante el sueño.

_ ¿Sabes _ replicó la joven_ que sería una buena sorpresa para el durmiente ponerle en esa mano una moneda de plata, con la que se encontrase al despertar?

Los enamorados son generosos. El galán sacó un duro del bolsillo y lo puso delicadamente en la mano abierta, que por un movimiento maquinal se cerró un poco al contacto fresco de la pieza metálica. Después la joven pareja se alejó riendo.

El *Morenito* continuó dormitando. Soñaba que la *Virgen de la Esperanza* descendía hasta él por una escala brillante del color del arcoiris. Tenía la Virgen en sus cabellos una corona de azucenas, y traía dos rosas blancas en las manos. Y le dijo ella con voz dulce y armoniosa:_ "Juanito, tú no te has olvidado nunca de rezar por mí por la mañana y por la noche... En gracia de la resurrección de mi hijo quiero recompensarte... ¡Tú irás a los toros el domingo!" Y al mismo tiempo sacudía sobre la mano de *Morenito* los pétalos de sus blancas rosas, y cada hoja que caía se iba convirtiendo en una moneda de plata...

La misma alegría que este sueño delicioso hacía experimentar al durmiente, le despertó. Al primer movimiento que hizo para despertarse escapóse de su mano ¡oh milagro! una hermosa moneda blanca, y fue a caer sobre las losas, produciendo un argentino ruido... El pobre muchacho no daba crédito a sus ojos ni a sus oídos. Cogió asombrado la moneda. Era una pieza reluciente y legítima de cinco pesetas. ¡La Virgen no se había burlado de él, y al fin podría ir a la corrida!… Dio un brinco, se puso en pié, y empezó a correr en dirección a la Plaza de Toros.

Al dar la vuelta a la esquina de la calle de San Pablo, tropezó con una chicuela del barrio de Triana, a la que él conocía desde niño y se llamaba la *Chata*. Estaba muy pálida, y tenía sus grandes ojos negros bañados en lágrimas

_ ¿Qué tienes, *Chata*? _ le preguntó.

_ Mi madre está muy mala _ respondió ella tristemente_ y he pasado dos noches sin acostarme. El médico fue a verla esta mañana, y recetó unos remedios… Fui a la botica, pero allí no quieren fiar…. ¿Qué haré, Dios mío? Si las campanas doblan para mi madre, doblarán también para mí… ¡No la sobreviviré…!

El *Morenito* quedó pensativo un momento, con los ojos fijos en los negros y húmedos de la *Chata;* después, cogiendo bruscamente el duro milagroso, lo puso en la mano de su amiga, diciendo:

_ Toma, niña mía, esta plata: me la dio la *Virgen de la Esperanza*, y no se enojará porque la emplee en curar a tu buena madre.

La *Chata* estaba tan aturdida por la emoción, que ni siquiera acertó a dar gracias a su generoso amigo, y se fue corriendo a casa del boticario.

"Estaba escrito" que *Morenito* no iría, decididamente, a la primera corrida de toros de aquella temporada; pero como hay compensaciones en el mundo, no pasó el domingo menos alegre que si hubiera ido. La madre de la *Chata* se hallaba ya bien el día de la Pascua, y la chica fue a dar las gracias a Juanito al patio de la posada que le servía de albergue. Se había compuesto y peinado con graciosa coquetería, y con el resto de la plata de *Morenito* había comprado dos claveles encarnados y los había prendido en sus cabellos negros.

Se fueron los dos juntos a pasear a lo largo del Guadalquivir, por entre los naranjos floridos de la Alameda.

La primavera había encendido no sé qué llamas en los ojos de la *Chata*, y puede ser también que un tierno sentimiento contribuyese a esa iluminación. Cuando se hallaron en un recodo sombrío, formado por altos matorrales de mirtos en flor, la muchacha echó de pronto sus brazos alrededor del cuello de *Morenito*, y le dijo sencillamente, sin rebozo ni demostración alguna de falsa vergüenza:

_ ¡Te quiero!

Y en tanto que las campanas repicaban alegremente para la fiesta de la Pascua, estas dos criaturas de quince años saboreaban su primer beso de amor.

LA SERENATA
CUADRO DE COSTUMBRES PUERTORRIQUEÑAS

Eran las diez de la noche,
y la hermosa luna llena_
como un globo de alabastro
que en olas de luz navega_
daba claridad al cielo,
penumbra dulce a la tierra,
y ese misterioso encuentro,
esa majestad serena
con que impresionan el alma
las noches puertorriqueñas.

Miles de insectos lanzaban
a la vez notas diversas
en confusión indecible
y empeñada competencia,
celebrando de la noche
la brisa apacible y fresca;
y otros de fosfóreo brillo
y con titilar de estrellas,
átomos de luz con alas,
corren, giran, saltan, vuelan,
y en su diamantino enjambre
animaban la maleza.

Un incitante perfume
de jardín de floresta
halagaba los sentidos
con amorosa insistencia,
que aún en las horas de calma
es, en esta zona espléndida,
cada planta un pebetero
y cada flor un poema
que en generoso tributo
rinde Flora a Citerea.

Por un angosto sendero
con honores de vereda,
que sube en turtuosos giros
hacia el lomo de una sierra,
un jíbaro repechaba
con planta firme y ligera.

Era Fernando Collores,
mozo alegre, talla esbelta,
tez blanca y descolorida,
grandes ojos, barba negra,
aire galán, busto erguido,
rostro de líneas correctas,
y expresión movible y vaga,
entre sumisa y enérgica.

Siempre y por igual propicio

a las riñas y a las fiestas,
lo mismo improvisa un baile,
que lo acaba o lo dispersa.

Cantador a lo adivino
con asomos de poeta,
nadie en el barrio le iguala
cuando rima y argumenta;
tiene acopio de cantares,
glosa en un Jesús las décimas,
y hace hablar entre sus manos
la guitarra y la vihuela.

Galanteador incansable,
no hay vecina casadera
a quién no haya declarado
sus amorosas ternezas;
más no se rinde a ninguna,
porque es pájaro de cuenta,
y por lo sutil y arisco,
que al cogerle salta y vuela,
entre las mozas del barrio
tiene un apodo: Guinea.

Por eso busca en la altura
lo que en el valle no encuentra,
muchachas desprevenidas,
impresionables, ingenuas,
que le abran sus corazones,

y le escuchen, y le crean.

Llegó por fin a una casa,
detúvose en la meseta,
miró en torno, tomó el tiple,
acercóse a la escalera,
escupió la mascadura,
dejó expedita la lengua,
preludió una serenata
de música jibaresca,
puso acorde la voz propia
y cantó de esta manera:

"Cuando el sabio Salomón
Con más devoción rezaba,
Llegó la reina Saba
Y le robó él corazón."

"Despielta, Juana Ventura,
y oye a quien tu amol implora
dende el mesmo punto y hora
que contempló tu helmosura."

"En la dolama sin cura
que sufre mi corazón,
jayo la desplicación
de aquel afeuto prefundo,
que ya reinaba en el mundo
cuando el sabio Salomón."

"Te vide en el cafetal,
y enseguida peldí el tino
pol ese cuelpo divino
y esa cara celestial."

"Me fui despué a rezal
los tres quinces y la octava,
y mamá se puso brava
polque, mi bien recoldando,
prenuncié tu nombre cuando
con más devoción rezaba."
"Luego el rigol de la ausencia
hasta el guateque de Anones,
que aumentó las ilusiones
y el aquél de mi querencia.
_ ¡Qué noche! La concurrencia
de seto a seto llegaba,
y cuando el cuatro punteaba
y el güiro empezó a gemil
tú dentrastes, es decil,
llegó la reina de Saba."
"Pero ya vivil no pueo
en esta duda tirana.
Asómate a la ventana
y dame el sí que deseo.
Hazlo por el rey ebreo
que hallándose en oración
le cogió de sopetón

la hermosa reina judía,
(menos guapa que la mía)
y le robó el corazón."

Cuando la copla del tuno
a su conclusión llegaba,
oyóse un rumor muy leve,
se abrió un postigo en la tabla
y asomaron unos ojos
de andaluza borincana.

_ ¡Que Dios te bendiga, prenda!_
dijo el cantor en voz baja;
mas en el instante mismo
en que el galán así hablaba,
la puerta de la subida
giró sobre sus visagras,
dando paso a un hombre fosco,
de actitud malhumorada,
con el cabello en desorden,
canosa y luenga la barba,
y apoyado en un machete
moruno de cinco cuartas.
Encaróse con Fernando,
lanzó un terno, blandió el arma,
y, sin más explicaciones,
dijo con voz alterada:
_ "¡Vete de aquí, sinvelgüenza,
o te divido en tajadas!"

Aguardóle quieto el mozo,
probando que no era rana,
y con sosegado acento
así dijo al de la casa:
— Aplaqüese, don Sabino,
y escúcheme dos palabras.
— "Lalgo de aquí!
— No soy perro.
— ¡Juye o te coito, canalla!
— Jable bien, pol vida suya.
— Pues vete.
— Ya voy.
— ¿Qué agualdas?
— Me diré si no me insulta.
— ¡A las buenas o a las malas!
— No juyo
— ¡Lalgo!
— ¡Me queo!
— Pues te dirás en volandas.
— Déjeme que me desplique.
— ¡No hay desplicación que valga!
— Soy un hombre...
— ¡Eres un pillo!
— No le robo a naide nada.
— ¿A qué viniste?
— De juro que no vine a cosa mala.
— Yo quiesiera....
— ¿Qué?
— Casalme.

_ ¿Con quién?

_ Con... vamos, con Juana.

_ ¿Con mi jija?

_ Con la mesma.

_ ¡Pues lálgate en hora mala!

_ ¿Pol qué lo dice?

_ Lo digo,

polque yo sé lo que pasa,

polque estoy en mi juicio,

polque ojos tengo en la cara,

polque no me chupo el deo,

polque conozco tus máculas,

y no estoy aborreció

ni está en Belén la muchacha,

y _ pa decirlo de un viaje_

polque aun hay velgüenza en casa

_ ¡ Don Sabino!

_ Ya lo dija ;

oye atento lo que falta:

Juana es una prenda fina,

salvando la comparanza;

es moza, y no hay quien melmure

de su aquél y de su fama.

"Sabe laval; en un brinco

teje un sombrero de palma;

remienda, y jala la aguja

como naide en la comalca;

compone una melecina

como un dotol; colta, plancha,
coge café, y hace un guiso
y un majarete sin falta."

"Fue diez meses a la escuela,
llegó a escrebil cuatro planas,
y se aprendió el salibario
como un perico; trabaja
en too lo que se ofrese,
y es muy mujel de su casa."

"Si regaño, no bostica;
es dócil como una malva,
y... manque yo no lo diga,
lo que es como guapa, es guapa."

"Agora di, ¿cómo quieres
que un padre como Dios manda
deje que ronde a una jija
de tan buenas celcunstancias
un pica flor, un peldío,
un calavera, un maraca,
que a toas dice lo mesmo
y que a toas las engaña?"

"Dejaste en el seboruco
una novia preparada;
otra en Guayabal de arriba,
otra en Pajuil, otra en Lajas;

pol causa tuya en el Jobo
se arañaron dos hermanas;
tienes en Cupey un lío,
un enfusque en Candelaria,
una corteja en Gandules
con dos pipones pol banda,
otra que se fue al Pepino,
otra que vive de lástima,
y tú a nenguna le tiras,
con una triste batata."

"¡Ya ves qué bien te conozco;
ya ves cómo sé tus mañas,
y manque vivo en el cerro
se me cruzan las navajas!"

"¡Vete en paz, y nunca güelvas
a poner aquí las patas;
que ni yo he de consentirlo,
ni eres hombre para Juana,
_ manque Dios le dé patillas
a quien no tiene quijadas,_
y el que julga yaguas viejas
luego encuentra cucarachas!"

Quedóse el mozo corrido
con tan severa rociada;
murmuró tal cual excusa,
echó el tiple a las espaldas,

dijo "adiós", siguió el camino,
y el otro volvió a su casa,
a tiempo que la doncella,
después de escuchar la plática,
recatándose en el lecho,
triste entre sí murmuraba:

— "¡Es lástima que sea asina,
pues lo que es cantal, bien canta!

Las Bodas Blancas

En el invierno pasado, cuando Jacobo de Thievres vino, a instalarse en un oculto pueblecillo entre Niza y Mentón, no abrigaba otro deseo que el de reposar un mes o dos, bebiendo sol y mirando alternativamente al cielo y al mar.

Aunque no pasaba de los cuarenta y cinco años, sentíase ya extremadamente cansado de cuerpo y de espíritu. Su fatiga provenía, no precisamente de haber amado con exceso, sino de haber jugado al amor con demasiada frecuencia, y siempre con un gran derroche de actividad intelectual.

Jacobo no era un *Don Juan*, un amador de profesión, sino un amante distinguido y de un gusto original. Lleno de innata benevolencia para con todas las mujeres, había demostrado siempre gran delicadeza y gusto particular en la elección.

Lo que ante todo buscaba entre ellas, eran "casos" sentimentales, modos de experimentar el amor, que le pareciesen nuevos por algún motivo. Mas como en estas materias los sentimientos nuevos o de cierta singularidad, no se encuentran sino en los casos excepcionales, el rebusco de estos casos le había metido con frecuencia en dificultades y compromisos de los que no había podido desligarse sin honda pena. Casi siempre hacía sufrir por esta causa más de lo que se propusiera, y sufría él mismo más de lo que hubiese podido creer... Por eso había resuelto seriamente dejar en huelga su corazón durante aquella breve temporada.

Iba a perder el tiempo, casi todos los días, en un recodo del valle bien abrigado del viento y próximo al mar.

En los días de sol hallaba siempre allí a una señora con su hija.

Tenía la primera un aspecto respetable, la joven era bonita y parecía muy enferma del pecho. Jacobo adquirió la costumbre de saludarlas y de cambiar con ellas algunas palabras. Cuando se iban, solía él decir con aire de compasión trivial:

_ ¡Pobre muchacha!

Jacobo supo que el padre de ella había muerto de la misma terrible enfermedad, y también el primer hijo; que ella se llamaba Luz; que madre é hija se hallaban en una situación de fortuna demasiado modesta; que habitaban en un pequeño departamento amueblado; que eran de carácter dulce; que se las compadecía, y que no se decía de ellas nada que no fuese bueno.

Poco a poco se fue interesando algo más por estas dos mujeres.

El rostro de la madre, cuando su hija no la miraba, tenía la expresión de una pena profundísima, un dolor sin fondo, sin esperanza y difícil de comprender para quien ignorase las vigilias que ella había pasado a la cabecera de su esposo y de su hijo; las dos agonías, los dos entierros, la certidumbre de volver a sufrir angustias semejantes dentro de poco, y quedar luego sola en el inundo, con toda su alma en el pasado ... Y Jacobo se admiraba considerando cómo aquella triste madre podría encontrar aún junto a su enferma, sonrisas pálidas y hasta mentiras de alegría, mientras que, con la memoria llena de sus dos muertos, cuidaba y distraía dulcemente a la futura muerta ...

Delgada, melancólica, con una blancura de hortensia, los ojos demasiado grandes, la nariz demasiado fina, la voz demasiado clara, los cabellos demasiados lacios, venas azules que parecían serpentear sobre sus manos de cera, deliciosamente frágil y propensa al llanto, con la graciosidad de su cuerpecillo que se adivinaba entre los pliegues del traje y en los embozos y las ondulaciones del chal, la joven enferma, leyendo en su libro, recostada sobre la arena, o bien olvidando sobre sus rodillas pálidas acuarelas a medio pintar, en donde las velas de los buques semejaban flores, permanecía inmóvil horas enteras, con la mirada perdida en el horizonte...

Y Jacobo se decía:

_ ¿En qué pensará esta muchacha, que va a morir, y que acaso ella misma lo sepa?

Un día en que Luz, con sus largas y pálidas manecitas, hacía una labor de *crochet*, entretejiendo hilos de seda blanca y azul, le dijo él:

_ Es muy lindo lo que hacéis ahí, señorita. Parece un adorno de muñeca.

_ Es una pequeña gorra_ dijo Luz_ para una amiga que se casó hace algunos meses, y que espera un bebé... ¡Es muy dichosa!

Al día siguiente, sentada junto a su madre, la enferma leía. La página en que fijaba los ojos debía interesarla mucho, pues por el movimiento de sus pestañas notó Jacobo que Luz la releía varias veces. Luego quedó pensativa y se olvidó de volver la hoja.

Jacobo pasó entonces por detrás de la joven, y lanzando una ojeada sobre la página abierta (el libro era un tomo de la *Leyenda de los siglos*) pudo leer estos dos versos:

"¡Oh! dioses, morir ansío, ¡mas no sin haber amado!"

Luz pensaba:

_ No viviré mucho tiempo. Me lo ocultan, pero lo sé, puesto que tengo la misma enfermedad que mató a mi padre y a mi hermano. Así es que yo me resigno, quiero, puesto que es preciso, morir joven; pero antes quisiera haber triunfado como las demás mujeres. Están casadas ya casi todas mis amigas. A las que todavía no lo están, hay hombres que las aman y las hacen la corte. A mí no me la han hecho jamás. No sabré, pues, lo que es amar y ser amada, ser esposa, ser madre... No soy fea. He podido agradar a muchos jóvenes, y aún algunos parecían enamorados de mí. Luego, de pronto, cambiaban de actitud y de pensamiento; ya no me trataban como a una joven que podía casarse; acababan por saber que mi salud no valía la pena, y sus ojos ya no expresaban sino un sentimiento de piedad … ¿Tan fácilmente se ve ya que voy a morir? ¡Esto sí que es triste … ! Ese señor a quien vemos todos los días, no es desagradable, y le creo muy bueno; pero apenas me atrevo a hablarle ni a mirarle. Tengo miedo hasta de pensar que para él como para todo el mundo, no soy más que una enferma a quien es necesario tratar dulcemente, puesto que se va… Todos son buenos para mí, nadie se enoja con mis caprichos. Pero esta misma bondad, ese aire de ternura que adquieren al aproximarse a mí, me recuerdan a cada instante lo que más quisiera olvidar… ¡Ah, si yo pudiera ser amada de otra suerte … ! ¡Nada más que un poco! ¡Sería yo tan feliz si me amasen por algo que no fuese mi palidez y mi debilidad!

Jacobo, al lado de ella, pensaba: _ ¡Es deliciosa esta joven pálida! Bien sé que sin el encanto de su enfermedad sería quizás una muchacha insignificante. Pero esa palidez, esa debilidad, la idea de la muerte inevitable … Pero no; estoy seguro de que ella sería deliciosa, aún cuando estuviese buena...

¡Pobrecilla! Y ¿por qué "pobrecilla"? Después de todo, ¿hay acaso motivo para tenerle lástima? Y recordaba unos versos del joven poeta Renato Vincei:

"Niña enferma y frágil, dulce
vision de contorno vago,
habla en voz baja y ahorra
tu aliento vital, ya escaso.

En ti el drama inadvertido
avanza con lento paso;
la fiebre, escondida, roe
tu cuerpecillo extenuado.

¿Debemos llorar tu suerte?

¡Jamás! Ángel desterrado,
pronto elevarás el vuelo,
sin conocer del humano
corazón más que lo puro,
el afecto dulce y casto,
la santa piedad que inspiran
las niñas de rostro pálido.

Antes que ofenderte puedan
las afrentas de los años,
hacia las claras regiones
irá de tu vida el hálito,
como el alma de las rosas
que se eleva en el espacio.

Y sólo dejarás, limpio
de todo efecto profano,
en el corazón doliente
de los que te hemos amado,
el recuerdo de una sombra
de contorno puro y diáfano... "

_ Si; eso está muy bien para nosotros. Pero... ¿y para ella? ... No es difícil adivinar en lo que piensa durante sus largos silencios... ¡Qué alegría para esta joven si se le facilitase la realización de sus ensueños! ¡Si se le diese la ilusión completa de una vida de mujer, la ilusión del amor! ¿No sería una caridad deliciosa el hacer que esta alma partiese contenta, con la satisfacción del triunfo...? ¡Si yo intentara...! Sería representar una comedia piadosa... ¿Y quién sabe si sería una comedia hasta el fin?

De pronto vino a turbar su ánimo una inquietud:

_ ¿Y si ella no se muriese?

Interrogó al médico de Luz.

_ ¡Perdida!_ respondió el doctor_ Ninguna esperanza. Si aún hay en ella vida para tres meses, será un milagro...

_ ¡Pues adelante!_ dijo para sí Jacobo.

_ Esta será probablemente la mejor acción de mi vida.

Aquel mismo día fue donde la madre y le pidió la mano de Luz. Al principio la buena señora le creyó algo loco; pero a todas las objeciones que ella le hacía contestaba él:

_ ¡Yo la amo!

Y añadió:

_ Usted puede estar segura de mi honradez en este asunto, y de la bondad de mis intenciones, puesto que soy rico y no quiero dote. Si cometo una locura, nadie podrá decir que fue por maleficencia. Pero ¿Acaso sabemos nosotros si es una locura?

Insistió después alegando ejemplos de curaciones increíbles, y estuvo tan elocuente que hasta logró despertar un resto de esperanza en el corazón de la madre.

_ En fin_ dijo_ yo no soy un brutal, y mientras sea necesario trataré a vuestra hija como a una hermanita enferma. Seremos dos para amarla y para cuidar de ella lo mejor que podamos; he ahí todo.

Obtuvo, pues, el permiso para hacer la corte a Luz y para declararse.

A las primeras palabras de amor que él le dijo, brilló en los ojos de la joven un relámpago de alegría.

_ Pero, entonces, ¿no es del todo seguro que voy a morir?

_ La prueba de que nada es menos seguro, mi querida Luz, es que quiero que seas mi esposa. Soy hombre de razón, y sabiendo que me habías de dejar, *picarilla*, ¿como había de ser posible que yo fuese al encuentro de tan gran dolor? Vivirás, porque te amo. Luz encontró este razonamiento muy sencillo. Físicamente Jacobo era lo que se llama un hombre bien conservado,_ en sus horas alegres_ solía tener aún el aspecto de joven.

Durante un mes, todas las mañanas le llevaba flores a su prometida. Sostenía con ella grandes conferencias amorosas. Luz, radiante de alegría, formaba proyectos. Jacobo acostumbraba contradecirla algunas veces y hasta regañarla un poco, nada más que lo preciso para probar que no la consideraba como una enferma condenada a morir.

Se dispuso la cámara nupcial.

Jacobo hizo tapizar los muros con seda malva-rosa, cubierta de blancas muselinas de la India. Finas guirnaldas de jacintos artificiales sostenían las colgaduras al rededor de las ventanas y de los espejos semi velados, y mantenían alzadas, para que circulase el aire, las cortinas del gracioso lecho, no muy ancho, casi un lecho de señorita. Y todo el gabinete, semejante a un altar de corpus, era de una frescura y de una delicadeza de tonos tan singularmente frágil, que se comprendía que había sido preparado *para muy poco tiempo.*

Allí fue donde, después de la ceremonia, el novio condujo a Luz, más tranca que su propio traje de desposada y sus flores de azahar, y ya casi moribunda.

¡Había sido tan intensa su alegría!

La sentó sobre sus rodillas; y la desabrochó con lentas precauciones.

Ella jadeaba suavemente. Sus labios pálidos se entreabrían sobre los pequeños dientes. Con los brazos débiles enlazados al cuello de Jacobo, y la mirada en éxtasis, permaneció algún tiempo como abstraída.

Al sentir junto a sí aquel cuerpecito tan ligero, tan flexible, de tan escasa materia; aquel cuerpo que ni aún había tenido tiempo de pecar, y cuya forma tan pura iba a desvanecerse pronto como una visión, Jacobo se sintió presa de un enternecimiento infinito.

Después le pareció que era "pequeña hija" la que él tenía sobre su corazón. No se atrevió ni aún a besar sus labios.

Y cuando la hubo puesto la larga camisa, toda guarnecida de encajes y de cintas pálidas, la colocó en el lecho como quien acuesta una niña. Pasó la noche sentado junto a ella, teniendo entre sus manos una de las suyas.

Siguieron así por espacio de una semana. El octavo día, una hora antes de morir, Luz dijo al oído de Jacobo:

_ Amado mío, creo que me iré pronto… Pero no soy enteramente desgraciada… Se que te acordarás de mí siempre, siempre… Y gracias a ti yo habré podido conocer, como las demás mujeres, la alegría de ser esposa, y habré podido decir: "Mi marido".

Toda la semana que había durado su matrimonio, había permanecido Jacobo sentado a la cabecera de Luz, salvo una noche en que, viéndola demasiado agitada, se recostó vestido al lado de ella, para sostenerle la frente, y para mecerla…

Jacobo ha envejecido mucho después de esta aventura. En ella fue donde conoció por primera vez, en toda su plenitud, el amor y el dolor.

Alrededor de una Cuna

Monólogo en un acto y en verso

Pensamiento de Ernesto Legouvé

. . . .

ACTO ÚNICO

Sala pequeña.. Una mesita de trabajo sobre la que se ve una fotografía de hombre. A un lado, sobre una silla, una levita. Encima de la mesa un gorrito de niño, cintas de adorno, algunas tiras blancas y objetos de costura. Puerta al fondo; hacia, la derecha del actor una ventana que da al jardín, y hacia la izquierda una puerta de dormitorio, abierta, por la que se ve en el interior parte de una cuna. Es de noche.

MARÍA

Al subir el telón, está ella de pié en el umbral de la puerta de la izquierda, y habla como dirigiéndose a su niño que está acostado en la cama.

. . . .

¡Eh, cierre usted sin demora

los ojos! Tengo qué hacer...

Aquí no hay nada que ver,

y ya de dormir es hora.

¡Qué miro! ¡Estése usted quieto!

(Reprendiéndole)

(Sonríe y se adelanta hacia el público)

¡Tiene arranques tan extraños...!

No ha cumplido los dos años,

y es ya un déspota completo...

¡Tanto mejor! Eso augura

que tendrá carácter... sí.

¡Poco que me gusta a mí

un carácter!

(Mira como embelesada hacia la cuna, y exclama con exaltación)

¡Qué hermosura!

(Sigue hablando mientras prepara su trabajo sobre la mesa)

Es en verdad asombroso

lo que anuncia su semblante.

Será gentil, arrogante...

Será honrado y generoso.

¡Qué franqueza en la mirada...!

Y como lince no hay dos...

¡Cuánto triunfo, Santo Dios,

si entra en alguna Embajada!

(Yendo hacia la puerta del dormitorio)

A ver si duerme... ¡Tunante!

En mi vida nunca vi *(Mirando al público)*

ojos más abiertos, ni

más animado semblante...

(Mira de nuevo hacia el niño y sonríe)

En cambio, rara vez llora.

¡Hasta en eso es hombrecillo!

(Mira otra vez a la cuna)

¿Qué es eso?

(dirigiéndose al público con expresión risueña)

¡Tiende el muy pillo

sus manecitas ahora!

(Volviéndose hacia la cuna o hacia el público, según lo indique el monólogo)

Sí, ya sé... Quiere que yo

traiga la cuna a mi lado.

¡Quiere estar acompañado

de cerca...!_ ¡No, señor; no!

¡Cómo expresas lo que quieres,

con malicioso mirar...!

(Con expresión de ternura y de entusiasmo)

¡Cuando tú sepas amar,

Dios proteja a las mujeres!

(Al niño con acento cómicamente imperioso)

¡Quédese usted en su nicho,

que es tarde y tengo qué hacer!

(Aparte) _ ¡Insiste!

(Como contestando a un ademán del niño)

_ ¡No puede ser!

(Con imperio)

¡Quieto, y a dormir se ha dicho!

(Pausa._ Después, hablando con, el público)

_ Lo que quieres está en mi mano,

y al fin no pide gran cosa...

¿Lo traigo?

(Haciendo ademán de arrastrar la cuna)

Estoy deseosa

de darle gusto al tirano.

(Como hablando al niño)

_ ¿Me ofrece usted, al momento

dormirse? Vamos a ver.

_ ¿Sí?... ¡Ya! *(Con expresión de malicia)*

Para prometer

nunca tiene impedimento.

En fin, probemos.

(Entra en el dormitorio, y sale arrastrando la cuna, que deja junto a la mesa de labor)

¡Ya pesa!

Va a ser un hombre fornido,

(Entreabre las cortinas de la cuna para contemplarlo)

bien formado, fuerte, erguido...

(Al niño) _ ¡Eh, cumpla usted su promesa!

O se duerme, o le desvío...

(Al público)

¡Qué gracia! Me pide un beso por señas…

(Al niño) ¡Ah, lo que es eso

con mucho gusto, hijo mío.

(Le besa, cierra las cortinas y vuelve a su labor. Empieza a coser un, gorrito de niño, y lo muestra al público, con maternal entusiasmo, según la vaya indicando el monólogo)

Es un gorro para el rorro.

Ya lo tengo a medio hacer,

y me parece… ¡Hay que ver

lo bien que le sienta el gorro!

(Tomando la aguja de nuevo para volver a coser)

Recuerdo la vez primera...

(Transición. Mirando hacia el público.)

¡Con que placer exquisito

se cose el primer gorrito

para el hijo que se espera!

(Después de mirar a la cuna con expresión de ternura)

Aún le visto como niña

con galas de este jaez, *(Mostrando el gorrito)*

y es ya un mocito de prez...

Temiendo estoy que me riña,

y que con voz altanera

me grite alargando el morro:

_ "¡Tire usted allá ese gorro,

y póngame una chistera!"

(Se levanta de pronto y va hacia la cuna)

¿Se mueve? *(Separando un poco la cortina para mirarle)*

No. Mi cariño, equivocó la señal.

Ya se durmió… ¡Qué formal

es, cuando se duerme, un niño!

¡Qué postura más graciosa!

(Mirando y meciendo suavemente la cuna)

Su cabecita inclinada

descuella sobre la almohada

como entre nieve una rosa,

¡Qué piernecita más bella,

y qué manecitas! Una

se mueve al son de la cuna,

cual si accionase con ella...

Vuelve el busto Mas ¡qué veo!

(Como hablando con el niño)

¡No, caballerito, no,

que estoy mirándole yo!

¡Cúbrase, que está muy feo!

(Dirigiéndose al público haciendo un gesto gracioso)

¡Bah! que se busque también

su natural acomodo.

Los niños... de cualquier modo

son bonitos y están bien.

Desnudos son un primor,

y su desnudez se olvida...

Tienen el alma vestida

de inocencia y de candor.

Su pureza, aun sin el velo,

no está desnuda en rigor,

como no lo está una flor

ni un rayo de luz del cielo...

(*Riéndose*) ¡Ja, ja, ja! Ved que florido

se va haciendo mi lenguaje,

en entusiasta homenaje

a ese autócrata dormido.

¡Poeta yo! ¡ Que tontuna!

Delirios de tanto amar.

¡Lo que nos hacen pensar

estos monstruos de la cuna!

(*Escucha un momento y mira hacia el niño*)

Ahora si se ha movido:

mi charla le despertó.

Voy a cogerlo (Corre a la cuna y mira

dentro de ella) Pues no.

(*Queda mirándolo un instante*)

¡Que notable parecido!

(Mira un momento al niño como embelesada. Vuelve a la mesa, da un vistazo al retrato, empieza a coser, y después de un corto silencio, dice)

¡Y cómo no! ¡Bueno fuera!

Si el otro le ha dado al ser,

y es varón… ¡Tendría que ver

que no se le pareciera...! *(Pausa)*

En tres años que ya cuento

de casada con Miguel,

siempre tengo puesto en él

mi amoroso pensamiento...

Desde que mi amor le di

le tengo fijo en mi mente.

Lo veo cuando está ausente

como si estuviese aquí.

No se amar de otra manera...

Pero una duda cruel

me entristece *(Pequeña pausa)* ¿Acaso él

merece que así le quiera?

(Pausa y Transición. Como queriendo desechar una idea)

Ya vuelvo a dar, sin querer,

en el tope consabido,

por mas que al cielo le pido

que "no me deje caer"...

Miguel me ha llamado hoy

celosa… ¡Que horror!... Confieso

que… algo ¡Pero no, no es eso!

Yo celosa... no lo soy.

Ser celosa es otra cosa...

espiar, causar enfado,

dar tormento al ser amado,

ser desabrida, rabiosa...

(Pequeña pausa)

Un cuadro de celos vi,

por un famoso pintor

y el verlo me causó horror...

¡No, no quiero ser así!...

Se me ofusca el pensamiento...

Tal vez la pasión me ciega;

pero amor que al odio llega

no es el amor que yo siento...

(Pausa. _ Más dulzura en el tono)

Lo que hay es que le amo tanto,

y hay ojos tan pegadizos

que le causaran hechizos

aunque Miguel fuera un santo.

Conoce bien sus deberes...

Más vale tanto Miguel,

que es imposible que en él

no se fijen las mujeres.

Le di todo mi albedrío

desde el día de la boda,

y ya que soy suya toda

quiero que sea todo mío... *(Pausa)*

Si hiciera otro mundo Dios

para los dos… ¡que alegría!

Nadie allí le miraría...

¡Siempre solitos los dos...!

(Mirando después hacia la cuna)

Pero ¡qué egoísta es

el amor así exaltado!

Los dos no... ¡Por de contado

tendríamos que ser tres! *(Señalando a la cuna)*

(Como hablando con el niño)

¡Perdóname! Siempre está

mi pensamiento a ti unido:

pero estando tú dormido...

toca el turno a tu papá.

(Volviéndose hacia el público y señalando al jardín)

El allí estudia, pasea,

y fuma, según presumo...

Viniendo de él, hasta el humo

del tabaco me recrea.

(Lanza un, suspiro)

¡Pero no hay comparación!

Le adoro con toda el alma,

y él a mí... con cierta calma,

y con su cuenta y razón.

(Pequeña pausa)

Ello será natural...

Convengo en que aman así

los hombres; pero… ¡ay de mí!

¿Por qué me acostumbró mal?

Recuerdo que me escribía,

cuando era novio el ingrato:

"te aseguro que me mato,

si no llegas a ser mía."

Y se hubiera dado muerte...

Bien segura de ello estoy.

¡Qué amor el suyo…! Mas hoy...

(Con tristeza)

hoy ya no le da tan fuerte.

(Pausa. Lo que sigue debe ser dicho con intención de celosa, que la actriz interpretará)

Pienso en esa hermosa viuda

nuestra vecina... en Estrella,

cuando el pasa junto a ella,

y sonríe y la saluda...

Es buena la cortesía,

mas ¿por qué ha de haber maridos

tan corteses… tan cumplidos...

(Con sorna)

y viuditas de ambrosía?

(Se levanta de pronto algo agitada)

¡Gusto más estrafalario!

Madura y pintada... ¡horror!

¡No, no es suyo ese color,

aunque lo jure un Notario!

¡Apariencias, atavíos,

e inexplicables antojos...

(Tristemente)

Mas ¡ay! sus ojos... sus ojos

son más bellos que los míos.

Es alta además, y a él

le causa un buen talle agrado...

¡Sólo después de casado

tiene esos gustos Miguel!

Si yo creciera (Empieza a señalar desde la punta del dedo, y sigue bajando hasta llegar a la raíz del mismo) algo así...

Haría falta el dedo todo.

(Alzando los ojos)

¡Señor, Señor, haz de modo

que sólo me quiera a mí...!

El es coqueto... No digo

que con intención lo sea;

pero... ¿por qué coquetea

con otras más que conmigo?

(Calla un instante, da algunas puntadas en el gorrito y prosigue dirigiéndose al público)

En punto a coquetería,

¡bien urde el error su trama!

La mujer lleva la fama

y el hombre la granjería.

Que es coqueta en el semblante

la mujer, no es un secreto;

pero el hombre... ¡es un coqueto

de variedad alarmante!

En la sonrisa, en el modo...

en el valor, en la calma,

en la grandeza del alma,

en la abnegación y en todo...

(Cose de nuevo un poco, se detiene de pronto pensativa, y habla como consigo misma)

¡Ah! Cuando veo a Miguel

inclinado hacia el asiento

de la viuda, fino atento...

siento un martirio cruel.

Sólo con decirle "adiós"

me desazona y me enfada...

(Cambiando de tono)

Y lo cierto es que... no hay nada

de común entre los dos.

Estoy segura. *(Pequeña pausa; deja el*

gorrito y coge la levita) Ya es hora

de trabajar para el.

La levita de Miguel

desbanque al gorrito ahora.

Si hay alguna imperfección.

frote o puntada oportuna.

(Revisa cuidadosamente la levita. Levanta luego la vista al público, y dice:)

Aquí al lado de esta cuna

se sosiega el corazón...

La carta que escribió él... *(Como recordando)*

Este recuerdo me abruma...

¡Cómo cantaba su pluma

corriendo sobre el papel!

¡Con qué cuidado y primor

las palabras escribía...!

¡Vamos, cualquiera diría

que era un billete de amor!...

Había salido sin mí

al Casino; ya tardaba,

y a inquietarme comenzaba...

¡Siempre empiezo por ahí!

Después… mil cavilaciones...

Abrí un libro, y no podía

leerlo. Me parecía

que bailaban los renglones.

Por fin sus pasos sentí,

y para que no advirtiera

mi llanto, corrí ligera

y a la cámara me fui.

Hice como que dormía;

él hacia mí se inclinó,

y... no sé si descubrió

mí pobre superchería.

Salió sin mostrar enojo

por mi sueño… Aquí fumaba, *(Tocando un lado de la mesa)*

y yo de allí le miraba

con el rabillo del ojo.

Luego se puso a escribir,

¿A quién? ¡Esa es mi tortura!

Mientras duró la escritura

no dejó de sonreír.

El buen sentido me avisa

_ y esto me tiene en un potro_

que en carta de un hombre a otro

es inútil la sonrisa...

Cerró la carta y selló

el lacre del sobrescrito

con un sello muy bonito...

(Con ternura)

¡que le he regalado yo!

Sonreía al terminar,

mirando hacia el cuarto mío...

(Pensativa y con voz algo alterada)

¡La sonrisa del impío

me da mucho en que pensar.

(Pausa. Cambiando de tono)

¡Tiene mi esposo razón!

Sueño... Mas ¿que voy a hacer?

¡Es una pena tener

tan loca imaginación...!

Bien me quisiera enmendar,

pero eso es vana quimera...

¡Como si se me pidiera

que le dejara de amar!

MIGUEL *(Cantando desde el jardín)*

Al vaso en donde mueren esas verbenas

Un golpe de abanico le tocó apenas,

Sin que el ruido

Anunciase la queja del vaso herido.

MARÍA (Hablando)

¡Su voz varonil y bella...!

¡Y que dulce melodía!

¡Cuanto goza el alma mía

con su musical querella!

MIGUEL (Cantando desde el jardín)

Pero la herida leve fue paso a paso

Mordiendo en el bruñido cristal del vaso,

y la hendidura,

Dióle vuelta en su marcha lenta y segura.

Por ella de las flores se va la vida.

Y aunque nadie sospecha la oculta herida

que apenas noto,

¡No le toquéis siquiera, porque está roto!

A veces una mano, la más querida,

el corazón nos toca, después la herida

por grados crece.

Y de nuestros amores la flor perece.

Aun intacto a los ojos del mundo ledo,

el corazón se hiende llorando quedo

su mal ignoto.

¡No lo toquéis siquiera, porque está roto!

MARÍA *(Hablando)*

Siento pena. Su emoción

Al cantar me ha entristecido...

¡Si le habré yo misma herido

sin querer el corazón!

Ese tono lastimero

algo en mi conciencia evoca...

¡No! Lo que hay es que estoy loca

de lo mucho que le quiero.

(Escuchando)

Oigo... parece que grita *(Se aproxima a la ventana)*

¿Llamabas? *(Hablando hacia el jardín)*

(Como contestando a una pregunta)

En mis quehaceres,

junto al niño. Di ¿qué quieres?

¡Ah! ya entiendo: la levita.

(La toma, va a dársela por la ventana y al levantar con una mano la cortina de ésta da vuelta en la otra mano la levita y cae de su bolsillo una carta cerrada)

¡Su carta!... ¿No desvarío? ....

La de anoche... ¡Dios clemente!

¡La que escribió sonriente...!

(Con acento de angustia)

¡Ay, pobre corazón mío!

(Coge la carta y la observa con atención)

Lacre, sello ¡el sello de él!

(Dando vueltas a la carta entre sus manos como queriendo devorarla con los ojos. Después: la lleva a la nariz)

¡Cómo huele a patcholí!

(Con tristeza)

¡Y para escribirme a mí

nunca perfumó el papel!

(Sigue examinando la carta con creciente atención)

Bajo el lacre que la sella

hay goma.. ¡Qué precaución! (Con malicia)

una E por dirección...

¿Se quiere más claro?. ¡Estrella!

(Movimiento de indignación, en el cual arruga la carta que tiene en la mano)

¡Para apoderarte de él

abre antes aquí, traidora! (Golpeándose el pecho) (Transición)

Mas... sí Miguel la enamora,

el más traidor es Miguel...

(Con exaltación)

¡Bien anunciaba mí ofensa

la pasión en que me abrasó!

(Empieza a abrir la carta, y se detiene vacilante. Por fin la abre con decisión mientras dice los siguientes versos)

¡Abrámosla!... Este es un caso

de legítima defensa.

(Desdobla el pliego con precipitación, lee, y se deja caer como anonadada
en una silla, apoyando la cabeza entre sus manos. Después de un, rato de
silencio, dice:)

¡Dios mío, por qué la abrí!

¡Qué vergüenza!... De seguro

que al pié del vecino muro

se está burlando de mí.

(Vuelve a fijar los ojos en la carta, y lee)

"Celosilla diligente,

ya estás cogida…" *(Hablando)* ¡Cruel!

¡Qué bien averigua él

la que pasa por mi mente! *(Pausa)*

¡La treta fue magistral...!

¡Monstruo! Con tanto talento,

ve claro en mi pensamiento

como al través de un cristal.

(Pensativa)

¿Por qué la abrí?…¡Tentadora

fascinación de un momento!

Pero... ¿cómo me presento

ante sus ojos ahora...?

(Se levanta suavemente, se acerca a la ventana, mira hacia fuera por detrás
de la cortina para no ser vista, y volviendo la cara hacia el público dice:)

¿No lo dije? De plantón

está al pié de la ventana...

¡Cómo mira, y con qué ganas

se está riendo el burlón.

(*Se presenta de lleno en la ventana y se coloca de modo que puedan ver su cara y oír su voz lo mismo del jardín que del auditorio. Habla a Miguel*)

¡Pues bien! La cogida es cierta,

y así pago mi tormento. (*Le tira besos*)

¡Soy feliz!... Sube al momento,

que ya el niño se despierta.

(*Volviendo hacia la cuna*)

Junto a la cuna los dos,

quiero su perdón oír...

(*Se oyen pasos*)

¡El! Ya le siento subir.

Voy a recibirle. (*Saludando y despidiéndose graciosamente del público*)

¡Adiós!

(*Corre hacia la puerta del foro._ Telón rápido*)

Triunfar Después de Morir
A La señora doña Emilia V. de Armstrong

E ntre la nueva generación de poetas cubanos, apenas era conocido como tal Florencio Manrique, joven muy estudioso e inteligente, que sentía dentro de sí un mundo de inspirada poesía; pero que no lograba exteriorizarla de modo que impresionara vivamente al público, o que le hiciera sentir alguna parte de lo que él sentía en sus momentos de inspiración. El penoso desequilibrio entre el pensamiento y su expresión, entre la inspiración y la ejecución, entre el ideal y la obra, que es el martirio incesante de poetas y de artistas, atormentaba extraordinariamente a Florencio, por lo mismo que estaba dotado de una extremada sensibilidad.

Era hijo de un capitán español, que había perecido en la primera guerra separatista dejándole huérfano y pobre, cuando no había cumplido aún tres años de edad. Creció enfermizo entre lágrimas y tristezas, sin más apoyo que su buena madre, una cubana extremadísima en el sentimiento del amor maternal. La pobre viuda hizo milagros de laboriosidad y de economía para criar y educar esmeradamente a su niño y cuando éste fue grande, sólo vivía ella para cuidarle y alentarle en sus crisis de tristeza y desaliento.

Era ya un joven de estatura regular y de fisonomía dulce y simpática; pero su extremada palidez y la debilidad y flaqueza de sus músculos, anunciaban una de esas enfermedades de consunción tan frecuentes en los países tropicales. La opinión de los médicos de la Habana, a quienes la diligente madre había consultado acerca de la salud de su hijo, no dejaba margen a la esperanza de que Florencio alcanzase muchos años de vida.

La pobre madre devoraba en silencio su dolor mientras colmaba de atenciones a su hijo enfermo, y éste seguía esforzándose en desarrollar sus facultades poéticas, en buscar cauce apropiado a sus pensamientos, en dar consistencia y forma artística a las delicadas abstracciones de su imaginación.

Florencio cultivaba con predilección el genero lírico; pero sus estrofas, llena de candor y de sencilla naturalidad, no alcanzaban el éxito que él se prometía. Privaba a la sazón en Cuba el efectismo en la forma poética, y empezaba a iniciarse el entusiasmo por la orfebrería literaria de preciosistas y parnasianos. Después, de cada decepción, que dejaba durante algunos días el ánimo de Florencio abatido por desesperaciones angustiosas, volvía de nuevo a la obra cambiando de tono y de asunto, concentrando todo lo posible el pensamiento, y dando a la expresión mayor viveza y energía. Otras veces escribía en prosa, ya cultivando la forma epistolar, ya la narrativa y anecdótica, o ya la crónica periodística, llena de intención, de sutileza, de vida palpitante, de flexibilidad y de color. Así daba a su estilo mayor soltura, gracia y fluidez; pero el éxito soñado y entrevisto, la franca aprobación del pueblo y de los doctos, el vislumbre del triunfo definitivo no acababa de aparecer.

De tiempo en tiempo sonaban algunos aplausos parciales; pero siempre por las obras que Florencio tenía en menos estima, por aquellas en que su pensamiento alcanzaba menos elevación y dignidad. Esto salía entristecerle más que los mismos fracasos propios o la pertinaz indiferencia del público. A veces se incomodaba consigo mismo, lamentándose de su deficiencia de expresión, y rasgaba y destruía poemas enteros en un acceso del humor.

— ¡No, no está ahí todo lo que siento, ni del modo que lo había yo concebido! ¡Este instrumento de la palabra escrita no corresponde a mi creación mental!... ¿Por qué, Dios mío, por qué no brotan de mi pluma las ideas con el encanto, la energía y la brillantez con que las siento bullir y aletear en mi cerebro?... Después de una gran depresión del ánimo quedaba por algún tiempo dominado por una inquietud enervante y melancólica, hasta que un nuevo sacudimiento del espíritu le impulsaba otra vez al trabajo con nuevo ardor. Tenía conciencia de su valer mental; pero desconfiaba mucho de que llegara a conocerse todo el alcance y la belleza de su pensar y de su sentir.

Entre tanto su salud se iba consumiendo por grados, y aparecieron al fin los síntomas principales de la tuberculosis ... Durante sus largas horas de insomnio y bajo la excitación morbosa de la fiebre, ideó el plan de una obra dramática de gran empeño, y empezó a trabajar en ella con ardor y entusiasmo, olvidándose con frecuencia de sus dolores físicos y hasta de sus preocupados de autor descontentadizo. A medida que avanzaba en la obra se iba despertando la confianza de Florencio en sus facultades literarias. Borraba todavía escenas enteras, en su anhelo constante de perfección; pero las rehacía con facilidad, y se recreaba repasando lo escrito y dando nuevos toques al plan de lo que faltaba por hacer. El poeta se encontraba, por fin, así mismo, y el desnivel entre el ideal y la obra en este caso le parecía ya menos irritante y sensible.

Pero el exceso de trabajo y las inmoderadas vigilias le extenuaban cada día más, y la madre, que observaba con suprema angustia la decadencia del enfermo, trataba de inducirle cariñosamente a que suspendiera o aminorara su trabajo mental.

_ Acabaré pronto, madre,_ decía el poeta, dando a sus palabras un dulce tono de súplica.

_ No temas que me fatigue. Noto que cuando escribo me siento mejor.

Fingía ella conformarse con la respuesta del paciente, pero devoraba a solas su profunda pena, viendo extinguirse por grados aquella vida que era su único encanto, su único amor.

Un día se levantó Florencio de su mesa de estudio muy tembloroso y fatigado, pero radiante de alegría. Su rostro expresaba una gran animación, y sus ojos hundidos se iluminaron con un rápido destello.

¡Madre! exclamó_ dando a sus palabras un esfuerzo no acostumbrado. ¡Terminé mi obra!... He de leértela más tarde... Ahora no puedo...

Y se dejó caer jadeante en la cama vecina.

El médico informó aquel mismo día a la madre del paciente, que había ya muy poca vida en aquel cuerpo aniquilado.

Pocos días después, Florencio llamó a su madre con voz desfallecida, le entregó un legajo de papeles, y le dijo:

_ Toma mi obra... Puse en ella toda mí alma... Quería dejarte un tesoro, pero no pude más...

Y espiró sin agonía, como dicen que mueren los justos.

Pasado algún tiempo, la madre del malogrado autor, fue con el manuscrito a casa de los directores de los teatros principales de la ciudad, y volvió desconsolada a su triste hogar. Uno de ellos le había dicho que el principal defecto de la obra consistía en lo indeterminado de su género, porque para drama le faltaban la exaltación y el choque violento de las pasiones y la catástrofe mortal; que para comedia no tenía bastante malicia en los diálogos ni en los apartes, ni bastante viveza en el juego escénico, y que no estaban bien preparados los efectos sensacionales a la terminación de los actos. Otro de los directores señaló como un defecto el escaso número de los personajes en escena, la falta de vehemencia y énfasis en algunos pasajes de la obra para que pudieran obtener aplausos en ellos los actores de buena voz, y se lamentó de que no ofreciese ocasión a la primera dama para ostentar trajes muy elegantes y suntuosos. Todos, en fin, convenían en que la obra no era de *lucimiento*.

Estas respuestas aumentaron la desolación de la pobre madre, que no comprendía cómo el corazón de aquellos hombres no había sentido, como el de ella, el encanto y la emoción de delicadísima que producía la simple lectura de aquella obra.

Era en efecto, una producción teatral de grandes bellezas. No podía llamarse drama, porque la acción carecía de pasajes violentos y de luchas apasionadas y fatales.

Para comedia al uso no tenía bastante elemento cómico, y faltaban con frecuencia en ella el chiste agudo, la ironía sutil, el diálogo chispeante, el enredo y las peripecias risibles. Algo había en ella de todo esto; mas no en la proporción que suele exigir el gusto dominante. Pero en cambio ¡qué delicado estudio del corazón humano y de sus más nobles afectos! ¡Con cuánta naturalidad y cuánta gracia se iba desarrollando aquella acción real de la vida íntima, de admirables cuadros de familia, de escenas sentidísimas del hogar!

Se titulaba *El poder de la dulzura,* y sus principales personajes eran marido y mujer; un matrimonio desigual por las costumbres de los cónyuges. El era rico, de costumbres alegres y un tanto licenciosas. Frecuentaba la famosa acera de *El Louvre;* trasnochaba en espectáculos y parrandas de dudoso gusto; tenía queridas; conquistaba de vez en cuando tal cual estrella de teatro, para darse tono y gastaba sin gran reparo el caudal adquirido por sus padres trabajosamente.

Luz, la esposa, era una joven bella, virtuosa e inteligente; pero con muy poca o ninguna experiencia social.

Se habían conocido en un baile, se trataron después con mayor frecuencia, se hicieron más íntimas y amorosas sus relaciones, y se efectuó el matrimonio en el año siguiente, entre ilusiones risueñas y dulces esperanzas de felicidad.

Gastón, que así se llamaba el novio, no era precisamente un perverso rematado; pero no se daba cuenta exacta de su deber moral, ni de la consideración y el decoro que merece una esposa digna y amante, y le faltaba resolución y fortaleza de voluntad para romper con las costumbres viciosas de su vida de soltero. Este fue el motivo por el cual _ pasado los transportes de la luna de miel_ volvió él poco a poco a sus tertulias desordenadas y a sus livianos galanteos, hasta lanzarse por completo a la vida del libertinaje y la disipación.

Entonces empieza el admirable heroísmo de aquella joven esposa, casi olvidada, devorando en silencio sus amarguras y entregada a los cuidados solícitos de la maternidad.

Los dos últimos actos de la obra eran de una finura analítica sorprendente; en la que iba adquiriendo Luz un relieve moral extraordinario, y su talento femenil se desarropaba en formas exquisitas, de una delicadeza ideal. ¡Con qué constancia y con qué tino y discreción emprende la reconquista del ingrato esposo, auxiliada por la fuerza de un niño de pocos meses!

¡Con cuánta finura de ingenio va poniendo en acción los recursos más discretos y simpáticos, para atraer aquella voluntad esquiva! ¡Con cuanta dignidad, cuánta dulzura y cuánta gracia va ganando por grados casi imperceptibles la consideración, el cariño, la gratitud, la admiración y el amor, el amor pleno y constante de aquel marido, sin pronunciar un reproche que le sirviera de obstáculo, sin una frase áspera que pudiera rozarle el amor propio, sin la más leve ironía que pudiera dificultar en algo la unión definitiva y sincera de los dos corazones!....

Las últimas escenas eran deliciosamente idílicas, y un soplo de vida intensa y sana daba a toda la acción un interés humano, que vanamente se buscaría en los escondites, en las sorpresas, en las cajas de los truenos ni en otros convencionalismos aparatosos, empleados con demasiada frecuencia por autores y tramoyistas. Era una obra exquisita, de poesía delicada y sutil, joya de admirable belleza para quien pudiera interpretarla con arte verdadero, y vivirla en escena con inspiración creadora y genial.

Representada por medianías, hubiera parecido siempre... lo que habían dicho los directores de los teatros de la ciudad: *"una obra de escaso lucimiento"*.

Pocos días después de recibida por la madre del malogrado autor la abrumadora respuesta, y en tanto que los periódicos locales discutían si era o no acertado aquel juicio, llegó a la Habana una compañía dramática francesa, dirigida por Sarah Bernhardt. Fue un acontecimiento muy celebrado, y la prensa de la gran Antilla saludó con merecidos aplausos a la insigne actriz. Varona, el filósofo, escribió con este motivo un excelente artículo en la *Revista Cubana*; Valdivia, el cronista poeta, publicó en *La Lucha* un elogio elocuente de los méritos de Sarah, y Pichardo, el poeta galante, dedicó a ella una edición especial del *Fígaro*. Se animó como nunca el gran teatro de Tacón, y lo más ilustrado y selecto de la sociedad habanera aplaudió la admirable naturalidad con que aquella actriz daba vida, pasión y acentos inimitables a la más celebradas creaciones del teatro francés.

En la tertulia de Sarah, a la que concurrieron distinguidos artistas y escritores de la Habana, se habló de la literatura dramática del país, y alguien hizo referencia a lo acontecido con la obra postuma de Florencio. La inspirada artista se enteró con gran curiosidad del hecho y de las circunstancias en que la obra había sido escrita, y manifestó deseos de conocerla. Un oficial del Consulado de Francia, que poseía con perfección los dos idiomas, fue traduciendo a Sarah, verbalmente, el manuscrito, y ella oía con gran interés todas las escenas. Con su admirable penetración de actriz iba construyendo mentalmente las situaciones, ideando los gestos, calculando las inflexiones de voz y formando, por decirlo así, el croquis artístico de la interpretación de la obra. Mientras oía y pensaba todo esto, iba la gran artista adivinando el alma del autor, y sentía en toda su plenitud la emoción estética de la obra. En una segunda lectura se compenetró del papel de Luz y concibió la idea de darle vida, con todas sus intuiciones de mujer, y con los numerosos y delicados recursos de su inspiración y de su temperamento de artista. Fue luego a visitar personalmente a la madre del autor, y le expresó el deseo de obtener una copia de la obra, para ponerla en escena en un teatro de París. La pobre madre consintió en ello, y Sarah se embarcó poco después para Europa, llevándose un duplicado de *El poder de la dulzura*.

Transcurrieron algunos meses sin que volviera a hablarse del malogrado poeta ni de su obra, y la madre había vuelto a sumergirse en esa tristeza pasiva y resignada de la mujer a quien abate un sufrimiento sin fin, cuando llegó a sus manos por conducto del Consulado de Francia, un abultado paquete que contenía varios ejemplares de la edición francesa de la obra de su hijo, gran números de periódicos de París, con descripciones del espléndido triunfo que había alcanzado la representación de aquélla en un teatro de la gran ciudad, y una libranza por 5,000 francos, importe de los derechos de propiedad en el estreno y en las primeras representaciones de la obra. En una caja aparte, había una bella corona para la tumba del autor, tejida por la misma Sarah Bernhardt, con los laureles que había arrojado a sus plantas, durante la representación de *Le pouvoir de la douceur*, el público de la metrópoli intelectual del mundo...

Una cariñosa carta de la gran actriz a la madre del poeta, anunciaba que la obra continuaba en el cartel, que daría valiosos productos en aquel mismo año, y que se alcanzarían nuevos éxitos con ella en las temporadas teatrales sucesivas.

Cuando la buena madre se hubo repuesto de la grata sorpresa, escribió a la admirable artista expresándole su agradecimiento. Decíale además, que con el primer dinero que la obra volviese a producir, deseaba comprar una figura artística para la tumba de Florencio, y la misma Sarah hizo el diseño de un grupo de mármol, que representaba la Gloria en actitud de descubrir una tumba humilde y coronar la frente de un cadáver que yacía en ella. Es hoy una de las esculturas más artísticas que se admiran en el cementerio de Colón.

Desde entonces, todos los años por Navidad_ época del fallecimiento del poeta_ llega de París una libranza por el importe de lo que va produciendo la obra póstuma, y un recuerdo artístico de la gran actriz para adornar la tumba del autor.

Algo murmuró aún la envidia despiadada, atribuyendo todo el éxito de la obra al genio creador de la insigne artista; pero años después fue representada aquella en la misma Habana, por buenas compañías dramáticas españolas, obteniendo triunfos extraordinarios.

Y aquella triste madre, en cuyo rostro parecían haberse petrificado todos los dolores, se animó, sonrió y miró hacia arriba a impulsos de la savia de aquel éxito ya inesperado, como revive una planta mustia y ofrece ufana sus flores al beso del sol, a medida que recobra los elementos tonificantes de la vida vegetal.

GRACIAS

Muchísimas gracias por su patrocinio y espero que haya disfrutado de esta magnífica obra clásica. Lo invitamos a que pueda seguir leyendo y disfrutar de otras obras clásicas de la literatura puertorriqueña, ¡son magníficas!

Por favor visítenos en:

www.puertoricoebooks.com
info@puertoricoebooks.com

HONRANDO NUESTRAS RAÍCES

Made in the USA
Las Vegas, NV
08 December 2020